NÉGOCIER, LA CLÉ DU SUCCÈS :
Stratégies et compétences essentielles

George Siedel
Université du Michigan

Publié par Van Rye Publishing, LLC
www.vanryepublishing.com

ISBN-10: 0-9903671-7-7
ISBN-13: 978-0-9903671-7-8

À propos de l'auteur

George Siedel est professeur d'administration des affaires de la chaire Williamson Family et professeur de droit des affaires de la chaire Thurnau à l'Université du Michigan. Il enseigne la négociation dans le cursus de MBA de la Ross School of Business du Michigan, ainsi que dans des séminaires du monde entier pour chefs d'entreprise, entrepreneurs, avocats, médecins, directeurs sportifs et juges.

Professeur Siedel est diplômé de l'Université du Michigan et de l'Université de Cambridge. Il a exercé en tant que professeur invité à l'Université de Stanford et l'Université de Harvard, et en tant qu'universitaire invité à l'Université de Californie, à Berkeley. En tant que boursier Fulbright, il fut titulaire d'une chaire d'arts et lettres, ainsi que de sciences sociales.

Professeur Siedel est lauréat de plusieurs bourses nationales de recherche, dont le Maurer Award, Ralph Bunche Award, et Hoeber Award. Il a également reçu de nombreux prix d'enseignement, dont l'Executive Program Professor of the Year Award 2014 décerné par la CIMBA, un consortium de trente-six universités prestigieuses engagées pour l'éducation internationale.

Remerciements

M ême si j'en suis l'auteur officiel, cet ouvrage est le résultat des conseils, de l'expérience et de la sagesse partagés par des milliers d'étudiants, de collègues, de proches, d'amis et autres. Je suis incapable de tous les nommer, mais j'en mentionne ici quelques-uns.

Je reconnais aussi l'incroyable travail de recherche qui, au fil des années, n'a cessé d'améliorer la théorie et la pratique de la négociation. Chaque chapitre comprend des citations d'œuvres d'éminents chercheurs en négociation. À l'heure des moteurs de recherche performants, les citations détaillées (sous la forme de notes de bas de page interrompant le flot du texte et de listes d'œuvres distinctes qu'il faut constamment consulter en fin d'ouvrage) ne sont pas nécessaires. À la place, de brèves citations sont proposées entre parenthèses, avec suffisamment d'informations pour permettre aux lecteurs de retrouver les sources sans difficulté à l'aide des moteurs de recherche.

Chefs d'entreprises et professionnels. Je remercie les chefs d'entreprises et les professionnels d'Amérique du Nord, d'Amérique du Sud, d'Asie, d'Afrique, d'Europe et d'Australie avec lesquels j'ai travaillé au fil des ans. En plus d'enseigner dans des séminaires ouverts, j'ai donné des conférences et des présentations auprès de divers publics spécifiques, parmi lesquels des cadres de l'industrie pharmaceutique, des directeurs sportifs, des avocats, des médecins et des entrepreneurs. Que ce soit à Séoul, à Venise, à Sydney, à Mumbai ou encore à Sao Paulo, j'ai appris en enseignant à ces participants que les concepts traités dans ce livre sont utiles à toutes les professions, dans toutes les cultures et sur tous les continents.

David E. A. Carson. Merci à David, un homme d'affaires et ancien élève de premier plan de la Ross School of Business, d'avoir mis sur pied le Carson Scholars Program. Ce cursus a joué un rôle directeur dans l'apprentissage des politiques publiques aux étudiants de premier cycle en école de commerce. En tant que directeur du programme, j'ai eu l'occasion de travailler avec d'éminents dirigeants du gouvernement à Washington qui, lorsqu'ils enseignaient dans le cadre de ce cursus, ont partagé avec moi leur vision des négociations politiques pratiquées en coulisses.

Consortium of Universities for International Studies (CIMBA). Merci à Al Ringleb, directeur exécutif, et Cristina Turchet, directrice adjointe, pour leur direction innovante du CIMBA et pour m'avoir invité à donner un séminaire annuel sur la négociation en Italie.

Famille. Merci à mes enfants, Joe, Katie et John, qui m'ont testé avec toutes sortes de stratégies et tactiques de négociation lorsqu'ils étaient jeunes. Comme on le sait, négocier avec ses enfants est la forme de négociation la plus dure. Merci également à ma sœur, Karen Braaten, qui m'a aidé à développer des compétences en résolution de conflits dans notre jeunesse. Heureusement, nous avons dépassé le stade des conflits et sommes aujourd'hui des amis proches.

Fulbright International Summer Institute. Merci à Julia Stefanova, directrice exécutive du Fulbright Office en Bulgarie, et à son personnel exceptionnel, de m'avoir offert l'opportunité d'y donner un cours de négociation aux étudiants d'Europe de l'Est et d'ailleurs.

Helena Haapio. Un grand merci à celle qui est souvent ma coauteure, Helena Haapio, conseillère internationale en contrats pour Lexpert Ltd. à Helsinki, Finlande, et chef de file du mouvement juridique proactif. Helena est pour moi une source d'inspiration, pour sa capacité à intégrer les aspects théoriques et pratiques de la conclusion d'un contrat. Certains passages des chapitres 8 et 9 de cet ouvrage sont adaptés de notre livre *A Short Guide to Contract Risk* (Gower, 2013) et de notre article de 2010, « Using Proactive Law for Competitive Advantage », *American Business Law Journal*. Je suis aussi reconnaissant envers Helena pour m'avoir présenté les partisans de la visualisation. La visualisation des contrats est traitée au chapitre 9.

Harvard Program on Negotiation (PON). Merci à PON, un centre de pointe pour l'enseignement et la recherche en négociation, pour son accueil chaleureux lorsque j'étais professeur invité à la Harvard Business School et pour m'avoir fourni des supports de négociation de haute qualité, utilisés dans le monde entier.

Nancy Hauptman. Mes remerciements à Nancy pour sa relecture minutieuse du manuscrit, pour son travail de conception créatif sur les graphiques qui figurent tout au long du livre, et pour son soutien et son encouragement généraux.

International Assn. for Contract & Commercial Management (IACCM). Merci à IACCM et au président Tim Cummins. Cette association mondiale a développé des trésors de ressources sur les meilleures pratiques de négociation et de gestion des contrats.

Junhai Liu. Merci à Junhai, un éminent professeur de l'Université de Renmin à Pékin où, sur son invitation, j'ai enseigné comment « Négocier avec les Américains ». Cette expérience m'a aidé à développer la structure chronologique employée dans ce livre.

Alyssa Martina. Un grand merci à Alyssa, professeure de premier plan dans le domaine de la négociation entreprenariale, pour sa relecture attentive du manuscrit et ses suggestions utiles.

Étudiants MOOC. Merci aux milliers d'étudiants dans le monde entier qui se sont inscrits à mon cours en ligne ouvert à tous sur «

La négociation réussie ». Ce cours m'a donné l'impulsion nécessaire pour terminer cet ouvrage.

Professeurs en négociation. Mes remerciements aux professeurs des universités de pointe, comme Harvard, le MIT et Stanford, pour m'avoir invité à enseigner dans leurs cursus sur la négociation et pour avoir partagé avec moi leurs visions de la négociation.

Parents. Je veux remercier feu mes parents, George et Justine Siedel. Si leurs compétences en négociation ont été forgées en des temps difficiles, durant la Dépression, la justice a toujours été leur priorité dans leurs rapports avec les autres.

Danica Purg. Merci à Danica, présidente d'IEDC Bled School of Management et présidente de l'association de management internationale CEEMAN, de m'avoir invité à enseigner la négociation pour les cadres en Slovénie.

Ross School of Business de l'Université du Michigan. Merci à la Ross School of Business pour la chance qu'elle m'a donnée d'enseigner la négociation en premier cycle, en MBA et dans les cursus de formation des cadres. J'ai tout particulièrement apprécié l'opportunité de donner un séminaire annuel sur la négociation pendant de nombreuses années aux cadres supérieurs à Hong Kong et d'enseigner la négociation au Brésil, en Corée, en Inde et en Thaïlande. Merci également à l'équipe directrice de la Ross de m'avoir fait confiance pour négocier la création de centres de formation des cades à Paris et Hong Kong lorsque j'étais doyen associé pour l'éducation des cadres. Ces négociations, ainsi que mes négociations avec les patrons pour développer des programmes de formation des cadres pour les sociétés multinationales, m'ont donné une expérience profitable dans la négociation à l'international.

Jeswald Salacuse. Merci à Jeswald, professeur de droit de la chaire Henry J. Braker et ancien doyen de la Fletcher School à l'Université Tufts, de m'avoir autorisé à inclure l'outil d'évaluation du style de négociation en annexe C. Jeswald est reconnu comme un chef de file dans la recherche et l'enseignement sur la négociation internationale.

John Siedel. Ce livre n'aurait pas été possible dans la capacité technique et les compétences en édition de John, tout au long du processus d'écriture et de publication. Son soin poussé du détail a conduit à de nombreuses négociations intéressantes.

Étudiants. Enfin, derniers mais non des moindres, un merci tout particulier aux étudiants de premier cycle et de MBA qui ont suivi mon cours de négociation à la Ross School of Business et ailleurs. L'une des joies d'enseigner la négociation, c'est l'occasion de continuer à apprendre grâce aux étudiants toujours différents, pleins d'énergie et d'enthousiasme.

George Siedel
Université du Michigan

Table des matères

À propos de l'auteur iii

Remerciements v

Introduction xiii

I SE PRÉPARER À NÉGOCIER

1. Négocier ou ne pas négocier ? 3
2. Déterminer le type de négociation 8
3. Réaliser une analyse de négociation 22
4. Comment répondre aux questions éthiques 36

II STRATÉGIES ET TACTIQUES CLÉS EN NÉGOCIATION

5. Développer ses relations et son pouvoir 51
6. Comprendre le rôle des intermédiaires dans une négociation 60
7. Les outils psychologiques à employer — et les pièges psychologiques à éviter 68

III SCELLER SA NÉGOCIATION PAR UN CONTRAT EXÉCUTOIRE

8. Utiliser le droit des contrats pour conclure sa négociation 93
9. Dépasser les aspects juridiques pour créer de la valeur 109

IV ATTEINDRE SON OBJECTIF

10. Exécuter et évaluer son accord 125

ANNEXES : LISTE DE CONTRÔLE ET OUTIL D'ÉVALUATION

A. Liste de planification en vue de la négociation   149

B. Exemple de liste de planification remplie   153

C. Évaluez votre style de négociation   159

Introduction

Récemment, lors de mon séminaire annuel en Italie sur le thème de la négociation, une femme d'affaires s'est exclamée : « La vie est une question de négociation ! » Personne ne l'a jamais mieux formulé. En tant que mère de jeunes enfants et chef d'entreprise, elle se rendait compte que les négociations faisaient partie intégrante de nos vies personnelles et professionnelles.

Nous négocions tous au quotidien. Nous négocions avec nos conjoints, nos enfants, nos parents et nos amis. Nous négocions lorsque nous louons un appartement, achetons une voiture, faisons l'acquisition d'une maison ou encore postulons à un emploi. Votre capacité à négocier pourrait bien être le facteur le plus important dans l'avancement de votre carrière.

La négociation est aussi la clé de la réussite en affaires. Aucune organisation ne peut survivre sans contrats rentables. D'un point de vue stratégique, les sociétés cherchent à créer de la valeur et à représenter un avantage compétitif. Mais le succès de ces stratégies commerciales de haut vol dépend des contrats passés avec les fournisseurs, les clients et autres parties prenantes. La capacité à passer des contrats — la faculté de négocier et de conclure des contrats réussis — est la fonction la plus importante de toute organisation.

Avec ce livre, je souhaite vous aider à atteindre le succès dans vos négociations personnelles et dans vos transactions d'affaires. Cet ouvrage traite des stratégies et des compétences essentielles qui vous mèneront au succès dans toutes vos négociations. Si de nombreux autres livres abordent ces concepts, ce guide ne s'arrête pas là et se concentre plutôt sur les actions indispensables au succès.

Ce livre est également unique dans sa structure, car il traite de chaque étape en suivant le processus chronologique de la négociation, depuis la préparation jusqu'à la réalisation. Cette approche globale balaie la croyance erronée selon laquelle le succès est déterminé par ce qui se passe autour de la table des négociations. Bien que la phase « table des négociations » du processus soit importante et traitée en détail dans cet ouvrage, seule la conclusion du contrat déterminera si vous avez réussi.

Lorsque vous terminerez la lecture de ce livre, vous devrez être en mesure de :

- réaliser une analyse de négociation, incluant votre prix de réserve et votre zone d'accord possible,

- utiliser les arbres de décision pour évaluer les alternatives possibles à votre négociation,

- déterminer votre style de négociation,

- augmenter votre pouvoir de négociateur,

- décider comment résoudre les dilemmes éthiques lors de vos négociations,

- employer des outils psychologiques — et éviter les écueils — au cours des négociations,

- évaluer vos performances en tant que négociateur.

Au-delà de ces points et des autres intérêts spécifiques, j'espère que les concepts et les outils de ce livre vous aideront à atteindre l'équilibre et l'harmonie dans votre vie, lorsque vous entreprendrez vos négociations personnelles et professionnelles quotidiennes. Parce que « la vie est une question de négociation ! »

I SE PRÉPARER À NÉGOCIER

1. Négocier ou ne pas négocier ?
2. Déterminer le type de négociation
3. Réaliser une analyse de négociation
4. Comment répondre aux questions éthiques ?

1   Négocier ou ne pas négocier ?

Nous passons tous des contrats au quotidien sans nous engager dans des négociations. Généralement, nous ne négocions pas en achetant à manger et à boire, ni pour les applications, les livres, les vêtements, l'électronique, la nourriture pour animaux, les fournitures de bureau, les appareils ménagers, les jeux et les équipements de sport. Que se passerait-il s'il nous venait à l'idée de négocier lors de l'achat de ce type d'articles ?

C'est un devoir que je donne à mes étudiants de l'Université du Michigan. Je leur demande d'essayer d'acheter un produit ou un service dans un magasin, un hôtel ou un restaurant pour moins cher que le prix affiché. Je pose deux règles. Ils ne peuvent pas négocier quelque chose qu'il est habituel de négocier, comme une voiture ou un achat dans un marché aux puces. Et ils ne doivent pas dire à la personne avec laquelle ils négocient qu'il s'agit d'un devoir universitaire.

Avant qu'ils ne se lancent dans leur mission, je demande aux étudiants d'estimer combien d'entre eux la réussiront. Un important pourcentage prédit l'échec de la majorité des étudiants. Pourtant, les résultats réels sont surprenants. En moyenne, chaque année, deux tiers des étudiants réussissent. Les rabais consentis vont de 1 % à 100 %, et ils économisent ainsi des milliers de dollars.

Pour réaliser ces économies, les étudiants emploient toute une palette de stratégies et de tactiques. Certaines stratégies — telles que la stratégie de la MEilleure Solution de Rechange (MESORE), l'emploi des objectifs étendus et la construction d'une relation avec le vendeur — s'appuient sur des principes de négociation raisonnables que nous aborderons plus loin dans ce livre. Par exemple, la tentative d'une étudiante pour établir une relation avec un caissier fut tellement couronnée de succès que le caissier lui proposa de lui prêter de l'argent pour qu'elle puisse réaliser son achat !

D'autres tactiques relèvent davantage de la ruse. Un étudiant qui voulait acheter une bouteille d'eau hors de prix a essayé de transmettre une image de pauvreté, il ne s'est pas rasé et a enfilé des vêtements de mauvaise qualité et une paire de vieilles tennis. Il toussait de temps en temps pour montrer que sa santé n'était pas bonne. D'autres étudiants ont souligné les défauts du produit, ont essayé de flirter avec l'autre partie ou ont stratégiquement joué avec le timing — par exemple, en arrivant dans une pizzéria juste avant la fermeture et en arguant que les parts de pizza invendues seraient jetées.

Parfois, les étudiants emploient une combinaison de plusieurs tactiques. Un jeune père est arrivé dans un restaurant de sushis peu de temps avant la fermeture. Il avait mis un billet de 20 $ dans une poche et un billet de 10 $ dans l'autre, de sorte qu'il pouvait sortir l'un ou l'autre (en fonction du déroulement de la négociation) et déclarer que c'était tout ce qu'il avait. Il a également joué la carte de la sympathie en soulignant le fait que ses enfants, à la maison, aimaient beaucoup manger des sushis. Il est ainsi parvenu à obtenir un rabais non négligeable. Nous aborderons la question de l'éthique dans un prochain chapitre.

Même sans avoir recours à la ruse ou aux stratégies plus académiques, les clients américains découvrent que les détaillants sont plus disposés que jamais à marchander. D'après un article paru dans le *New York Times* (« More Retailers See Haggling as a Price of Doing Business », 16 décembre 2013), les magasins forment même leurs employés à négocier avec les clients. L'article donne ce conseil aux consommateurs : « Ne prêtez pas attention au prix sur l'étiquette. »

Trois raisons pour lesquelles nous ne marchandons pas plus souvent

Si le marchandage produit ces résultats, pourquoi n'y avons-nous pas recours plus souvent ? Trois raisons me viennent à l'esprit, auxquelles vous devriez réfléchir avant de décider de négocier ou non. D'abord, de nombreuses personnes sont tout simplement mal à l'aise à l'idée de négocier. Mes étudiants emploient des mots tels que « hésitant », « gêné » et « embarrassé » pour décrire leur expérience de négociation dans les commerces de détail. Mais ces sensations ne sont pas universelles, car d'autres étudiants ont apprécié l'expérience, la qualifiant d'« agréable », « amusante » et « palpitante ».

Chez certains étudiants qui ont apprécié la négociation, l'expérience fut une révélation, comme en a témoigné cet étudiant : « Je me suis senti si bien que je suis rentré chez moi et j'ai commencé à chercher d'autres choses… à acheter. Cette activité a peut-être créé un monstre. »

Les étudiants qui se rangent dans cette catégorie m'envoient souvent des emails après l'obtention de leurs diplômes pour me parler de leurs expériences de négociation. Par exemple, un étudiant m'a expliqué que ses compétences en négociation acquises dans mon cours lui ont permis d'économiser 130 $ par mois sur un appartement, même s'il n'avait pas été capable de négocier une ristourne sur un dessert au restaurant. Une étudiante européenne a quant à elle réussi à négocier avec la Mafia que la voiture volée de son père lui soit rendue.

Pourtant, un autre étudiant m'a fait un compte-rendu mitigé. La bonne nouvelle, c'était qu'il parvenait toujours à obtenir un rabais dans les hôtels. La mauvaise nouvelle, c'était que sa femme ne l'accompagnait plus à la réception. (Un article du *Wall Street*

Journal, « How Do You Get a Break in the Price of Practically Anything? Easy, Just Ask », 19 août 2006, révélait que la plupart des réceptionnistes d'hôtel étaient autorisés à consentir à des réductions allant de 10 % à 25 %.)

En plus de la gêne, il existe une deuxième raison qui empêche les gens de marchander, le risque que les bénéfices n'excèdent pas les coûts engendrés. Le célèbre professeur en négociation, Max Bazerman, raconte une histoire personnelle dans son livre *Smart Money Decisions* (que je vous recommande chaudement). Avant de faire l'acquisition d'une télévision grand écran, il a réalisé des recherches approfondies sur les différents modèles et prix. Il s'est rendu chez de nombreux commerçants et a obtenu des devis qui associaient le prix de la télévision à d'autres éléments, tels que l'installation et l'ajout d'une antenne parabolique. Ses efforts, au cours des vingt dernières heures de sa recherche, lui ont permis d'économiser environ 120 $. Était-ce une négociation réussie ?

La réponse dépend de la manière dont vous souhaitez passer votre temps limité sur cette terre. Le professeur Bazerman en a conclu qu'il avait commis une erreur en ne tenant pas compte de la valeur de son temps, qui était pourtant supérieure à 6 $ de l'heure. Cependant, si vous préférez la négociation à toutes les autres opportunités que la vie vous offre — comme vous détendre ou passer du temps avec vos amis et votre famille — ce sera peut-être du temps bien dépensé pour vous.

Avant que vous ne fassiez le choix de privilégier la négociation par rapport aux autres plaisirs de la vie, réfléchissez à ce que les professeurs Jonah Berger et Aner Sela appellent « les sables mouvants de la décision », qui font référence aux tourments que l'on s'inflige pour des décisions banales, comme le choix d'une marque de fil dentaire. (Pour un résumé de leur recherche, consultez « Research Roundup », sur *Knowledge@Wharton*, 7 novembre 2012.)

Bien que cette recherche concerne la prise de décision lors d'un achat, on se heurte aux mêmes écueils dans le cadre d'une négociation. Avez-vous réellement envie de passer votre temps à négocier des détails de la vie courante, comparés aux valeurs plus importantes de l'existence ?

La troisième raison pour laquelle vous préférez peut-être ne pas négocier est le taux de risques que cela comporte. Par exemple, si un employeur vous fait une offre d'emploi, devriez-vous négocier avec lui ? Pour répondre à cette question, vous devez faire une analyse de MESORE, comme nous le verrons plus loin dans ce livre. Vous devez également être conscient des conséquences juridiques de la négociation. Par exemple, selon la manière dont elle est formulée, une contre-offre de votre part peut, au regard de la loi, mettre un terme à la proposition de l'employeur.

Même lorsque votre réponse à la proposition n'est pas légalement une contre-offre, votre tentative de négociation peut pousser l'employeur à retirer son offre. Par exemple, une faculté a proposé un poste d'enseignante à une candidate. Elle a répondu en demandant à la faculté si elle acceptait d'envisager une hausse de salaire, ainsi que d'autres avantages. La faculté a alors retiré son offre d'emploi. (« Negotiated Out of a Job », *Inside Higher Ed*, 13 mars 2014.)

À retenir. Avant d'entamer une négociation, posez-vous trois questions : Êtes-vous à l'aise pour négocier dans cette situation ? Les avantages de la négociation surpassent-ils les coûts, y compris le temps que vous y consacrez ? La récompense justifie-t-elle les risques, comme la perte d'une offre d'emploi ?

2 Déterminer le type de négociation

Vous avez pris la décision de négocier. À présent, vous devez encore répondre à trois questions avant de commencer l'analyse de négociation décrite au chapitre 3 : Est-ce une négociation basée sur la position ou sur l'intérêt ? La négociation implique-t-elle de conclure une entente ou de résoudre un conflit ? Et est-ce une négociation interculturelle ?

POSITION OU INTÉRÊT ?

Traditionnellement, la négociation a toujours été considérée comme une activité basée sur la position. Par exemple, vous et moi sommes en train de nous disputer pour une pizza gastronomique aux anchois. Ma position, c'est que la pizza devrait me revenir ; la vôtre, c'est que la pizza est pour vous. Une amie commune suggère que je coupe la pizza en deux et que vous décidiez de la part que vous voulez. Est-ce un bon résultat ?

Au fil des ans, j'ai travaillé avec de nombreux chefs d'entreprise et consultants spécialisés en négociation, qui croyaient en effet que ce compromis était gagnant-gagnant, car le résultat semblait juste et satisfaisant pour les deux parties. Bien que cela soit vrai dans de nombreuses situations, on peut aussi essayer d'améliorer le résultat pour vous comme pour moi en dépassant nos positions et en explorant nos intérêts sous-jacents. C'est une approche recommandée dans le grand classique *Comment réussir une négociation*, publié pour la première fois en 1981.

Par exemple, si notre amie m'avait demandé mes intérêts — pourquoi je veux la pizza — je lui aurais expliqué que je déteste les anchois, mais que je veux la croûte. Les restes de croûte des pizzas gastronomiques peuvent être transformés en chapelure très goûteuse sur les plats à base de légumes. Si elle vous avait demandé pourquoi vous vouliez la pizza, vous lui auriez peut-être répondu que vous adorez les anchois, mais que vous ne mangez jamais la croûte.

En dépassant nos positions et en identifiant les intérêts sousjacents, nous avons dégagé un accord qui nous profitait à tous les deux sans désavantager l'un ou l'autre. Par rapport à notre solution originale (couper la pizza en deux), j'ai doublé la croûte que je voulais et vous avez doublé vos anchois.

Bien sûr, de nombreuses situations relèvent purement de la position — par exemple, si nous aimions tous les deux les anchois de la pizza sans jamais manger la croûte. Si la recherche des intérêts dans ce genre de situation est toujours utile, y passer trop de temps serait vain. Ainsi, dès le début, vous devez essayer d'identifier le type de négociation dans lequel vous vous trouvez. Ce sera une négociation basée sur la position (quand vous partagez la pizza) ou une négociation basée sur les intérêts (quand vous développez, en quelque sorte, une pizza plus grande).

En théorie, la question semble simple, même si les experts emploient toute une variété de termes différents pour décrire ces deux types de négociation. Par exemple, les universitaires font souvent référence au partage de la pizza sous le nom de négociation « distributive », parce qu'il s'agit de distribuer des parts de gâteau dont la taille est fixe, tandis que la négociation « intégrative » revient à développer une pizza plus grande en intégrant les intérêts des parties.

D'autres experts parlent de négociation par la revendication lorsqu'il s'agit de partager la pizza (vous voulez obtenir la part la plus grande d'un gâteau dont la taille est fixe) et de négociation par la créativité lorsque l'on agrandit la pizza (en développant une pizza plus grande). La dernière approche, la négociation par la créativité, est un objectif essentiel en affaires. Si elle est débattue dans les salles de conférence d'une société à un niveau conceptuel et stratégique, dans les faits, la négociation par la créativité a lieu tous les jours à tous les niveaux de l'entreprise. Les sociétés qui ont acquis une expertise en négociation ont un avantage certain sur leurs concurrents.

Parmi les autres termes employés pour décrire les négociations qui se basent sur le partage d'un gâteau fixe, on compte « compétitive », « gagnant/perdant », « somme nulle » et « antagonique ». Les négociations qui tentent d'agrandir la pizza sont décrites comme « coopératives», « gagnant/gagnant », « somme non nulle » et « résolution de problèmes ».

Partout dans le monde, quand j'enseigne la négociation en mettant l'accent sur l'importance de toujours développer une pizza plus grande en cherchant les intérêts sous-jacents, je suis souvent interpellé par des professionnels très expérimentés. Ils soutiennent que la plupart des négociations sont basées sur la position plutôt que sur l'intérêt. Quand vous vendez votre produit à un client, vous vous braquez sur une position — prix élevé — et l'acheteur sur une autre position — prix bas. Si vous négociez avec un vendeur de voitures, il cherchera à obtenir un prix élevé, tandis que vous voudrez payer le moins cher possible.

D'un autre côté, de nombreux négociateurs expérimentés sont enthousiastes à l'idée d'une négociation basée sur les intérêts. Alors qui a raison ?

Selon moi, les deux points de vue sont justes. Dans une négociation typique, les deux parties commencent chacune avec une position — prix élevé contre prix bas, par exemple. Elles devraient ensuite toujours chercher les intérêts sous-jacents en posant la question « pourquoi », afin d'identifier tous les intérêts éventuels.

Pourquoi voulez-vous la pizza ?

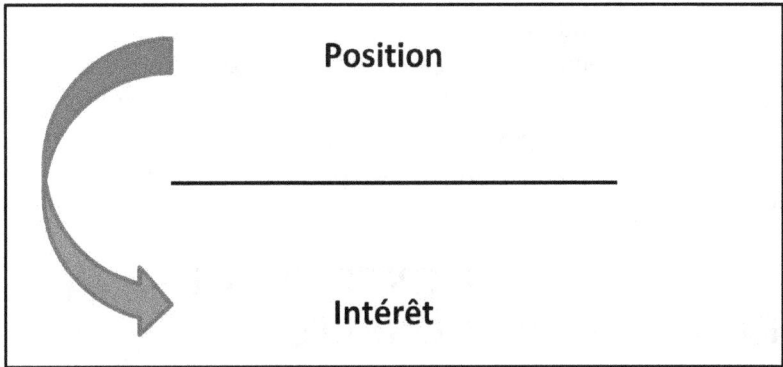

Cette question ouvre deux possibilités. D'abord, les parties peuvent se rendre compte qu'elles n'ont aucun intérêt sous-jacent sur lequel se baser pour développer un gâteau plus grand. Dans ce cas, elles basculent en négociation de position. En revanche, elles peuvent identifier des intérêts leur permettant de développer un plus gros gâteau. À ce moment-là, elles basculeront elles aussi en négociation de position, car elles vont devoir négocier leurs parts respectives de ce plus gros gâteau.

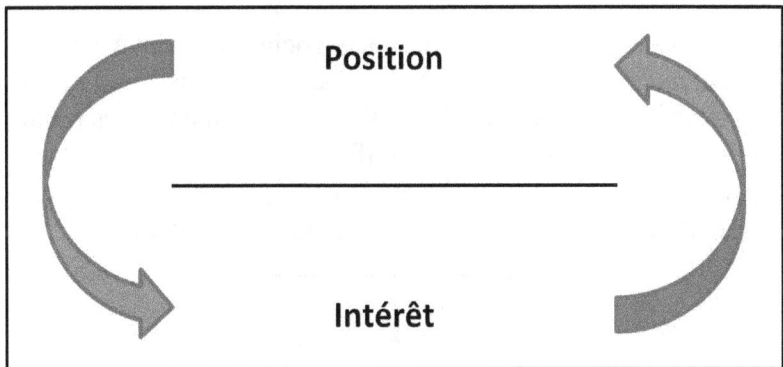

À retenir. Une fois que vous décidez de négocier, vous devez d'abord tenter de déterminer si la négociation est basée sur la position ou sur l'intérêt. Même lorsque vous croyez qu'il s'agit d'une négociation basée sur la position, vous devriez essayer de chercher des intérêts sous-jacents. Si vous êtes incapable de trouver ces intérêts, alors vous êtes dans une négociation de position. Et quand bien même vous identifieriez des intérêts sous-jacents et construiriez un plus gros gâteau, vous retomberiez toujours sur une négociation de position — même si, dans ce cas, les deux parties ont l'occasion d'obtenir des parts plus importantes, car le gâteau est plus gros.

CONCLURE UNE ENTENTE OU RÉSOUDRE UN CONFLIT ?

La deuxième question que vous devez toujours vous poser après avoir décidé de négocier est : La négociation implique-t-elle de conclure une entente ou de résoudre un conflit ? Dans un article intitulé « The Janus Quality of Negotiation: Dealmaking and Dispute Settlement » (*Negotiation Journal*, avril 1988), Frank Sander et Jeffrey Rubin résument la différence entre les deux types de négociation en faisant référence au dieu romain Janus. Janus avait deux visages, l'un qui regardait vers le futur et l'autre vers le passé.

Comme le visage droit de Janus, la négociation visant à conclure une entente regarde vers l'avenir. L'accent est mis sur la résolution des problèmes et sur l'identification des intérêts des parties en présence. La résolution de conflit, comme le côté gauche de Janus, a tendance à regarder vers le passé, en se concentrant sur les positions et la revendication de manière antagonique.

Si la différence entre la conclusion d'une entente et la résolution d'un conflit affecte votre stratégie de négociation, même la résolution de conflit peut devenir une négociation basée sur l'intérêt. Je donne à mes étudiants un scénario réel d'un conflit entre une société ayant développé une suite logicielle statistique et son preneur de licence. La société a appris que le preneur de licence travaillait sur une adaptation du logiciel, qu'il prévoyait de commercialiser auprès d'autres sociétés en violation de l'accord de licence. La société a donc poursuivi le preneur de licence en justice pour plusieurs millions de dollars.

En analysant cette situation du point de vue de la société de logiciels, la plupart des étudiants se sont basés sur la position et se sont montrés antagoniques. Ils en ont conclu qu'ils tenaient un dossier solide et ont recommandé de ne pas aller jusqu'au procès. Mais quelques étudiants ont reconnu que les deux parties pouvaient avoir intérêt à travailler ensemble pour former une coentreprise. Au lieu de laisser le tribunal décider de qui gagne et de qui perd, ce qui équivaut à un « jeu à somme nulle », ils peuvent tous les deux sortir gagnants grâce à un plan marketing stratégique qui augmente les profits totaux, dépassant ainsi la somme de leurs profits respectifs.

À retenir. Chaque fois que possible, essayez de changer une négociation de type résolution de conflit en négociation de type conclusion d'une entente en cherchant les intérêts sous-jacents à intégrer pour que chaque partie y trouve son avantage.

Différentes démarches pour résoudre les conflits

Quand on ne peut pas résoudre un conflit par la négociation, il existe plusieurs autres options de résolution de conflit. Un conflit sur mon campus (comme l'a rapporté à l'époque le *Michigan Daily*) illustre ces différentes démarches. À 4 heures, par une froide matinée de février, une file d'étudiants commença à se former à l'extérieur de l'arène de basketball. Les étudiants vou-

SE PRÉPARER À NÉGOCIER

laient acheter des tickets pour un match qui aurait lieu plus tard dans la journée.

À 7 heures, une autre file commença à se former ailleurs. Les étudiants de cette nouvelle file d'attente décrétèrent que les autres étudiants attendaient au mauvais endroit et exigèrent qu'ils se placent au bout de leur propre file (7 heures). Un conflit éclata, qu'il fallait résoudre. Dans un conflit simple comme celui-ci, ainsi que dans des cas plus complexes, différentes démarches peuvent être employées en plus de la négociation.

L'évitement. Comme le nom l'indique, on peut arriver à une résolution lorsqu'une partie évite le conflit en cédant devant l'autre.

La médiation. La médiation ressemble beaucoup à la négociation, si ce n'est qu'une troisième partie, le médiateur, assiste les parties pour les aider à résoudre leur problème. Considérez la médiation comme une négociation assistée.

L'arbitrage. L'arbitrage implique aussi une troisième partie, mais à la différence de la médiation, la troisième partie — l'arbitre — a une position d'autorité dans la prise de décision. Dans une démarche par arbitrage typique, les parties en conflit doivent se plier à sa décision.

Le litige. Comme dans le cas de l'arbitrage, la troisième partie — le juge — a autorité pour prendre une décision. À la différence de l'arbitrage, le déroulement est public.

Le pouvoir. Les parties en position de force peuvent contraindre les autres à faire ce qu'ils ont décidé.

Dans ce conflit entre les files d'attente, différentes démarches ont été employées. D'abord, la police est arrivée et, jouant le rôle d'arbitre, a décidé que les étudiants de 4 heures du matin étaient au mauvais endroit et leur a ordonné de rejoindre l'extrémité de la file de 7 heures. Ensuite, un représentant du département des sports est intervenu en tant que médiateur et a fait en sorte que tous les étudiants obtiennent des tickets. Enfin, lors d'une réunion le matin suivant, les étudiants ont entamé des négociations pour éviter que ce type de conflit se reproduise à l'avenir.

Perspectives sur la résolution de conflit

Que vous soyez impliqué dans un conflit personnel ou un conflit d'affaires, vous devriez considérer toute une palette de perspectives lorsque vous choisissez la manière de le résoudre.

Modes alternatifs de résolution des conflits. Dans les conflits d'affaires, le litige est souvent considéré comme l'ennemi à éviter, car il entraîne des coûts substantiels, en argent et en temps. Il y a plusieurs années, des chefs d'entreprises ont commencé à se demander pourquoi ils externalisaient la gestion des conflits auprès des avocats et du système judiciaire. L'un de ces dirige-ants, Walter Wriston, PDG de Citicorp, convia des représentants de dix écoles de commerce à une réunion tenue à New York, où il nous présenta l'importance d'une formation sur les alternatives aux litiges.

Cette réunion encourageait les écoles de commerce à proposer des cours sur les modes alternatifs de résolution des conflits (MARC) : l'arbitrage, la médiation et la négociation. Il est important de comprendre ces démarches, car les négociations commerciales demandent souvent de débattre des procédures de MARC qui seront employées si la conclusion d'un contrat pose problème. Les MARC seront traités plus en détail au chapitre 10.

Les avocats ont d'ailleurs des avis mitigés à propos des MARC. Certains commentateurs se sont amusés à dire que, pour les cabi-nets juridiques, MARC signifie « mesure d'amoindrissement des revenus catastrophique ». Toutefois, de nombreux cabinets de premier plan ont adopté les MARC et sont devenus experts de ces démarches.

Tierces parties. La solution par tierce partie — litige, arbitrage et médiation — est importante à deux titres pour les chefs d'entreprises. D'abord, ils font appel aux tierces parties pour résoudre leurs conflits avec d'autres sociétés. Ensuite, dans leur travail de tous les jours au sein de leurs sociétés, les dirigeants se servent de ces procédés en jouant eux-mêmes le rôle de tierces parties pour résoudre les conflits entre leurs subordonnés.

Pouvoir, droits et intérêts. Les universitaires emploient souvent un modèle pouvoir/droits/intérêts pour décrire la négociation et les autres démarches de résolution de conflit. Nous avons déjà parlé du pouvoir. Les procédés orientés sur les droits sont le litige et l'arbitrage, et la tierce partie décide de qui a raison et de qui a tort. Les démarches basées sur les intérêts sont la médiation et la négociation.

Même s'il est avant tout universitaire, le cadre pouvoir/droits /intérêts offre un outil précieux permettant aux supérieurs de gérer les conflits. La liste suivante, qui reprend le document interne d'une grande société, illustre les options qui s'offrent à tout supérieur dans le cas d'un conflit :

1. *Pouvoir.* Utiliser son pouvoir pour contraindre l'autre partie à accepter nos exigences.

2. *Droits.* Laisser un juge ou un arbitre décider si nous avons raison.

3. *Évitement.* Céder devant l'autre partie.

4. *Intérêts.* Négocier un accord basé sur nos intérêts sous-jacents.

Par exemple, si votre société est impliquée dans un conflit avec un fournisseur et que différents autres fournisseurs veulent signer avec vous, vous aurez peut-être envie d'utiliser l'option du pouvoir pour forcer le fournisseur à faire ce que vous voulez. En revanche, si c'est avec vos clients principaux que vous êtes en conflit, vous utiliserez peut-être l'option de l'évitement pour les laisser avoir ce qu'ils demandent, même si vous êtes certain d'avoir raison.

Utiliser les démarches de résolution des conflits pour passer des contrats. Historiquement, la négociation est le procédé royal pour passer un marché, tandis que toutes les démarches décrites ci-dessus servent plutôt à la résolution de conflits. Cependant, au cours des dernières années, les négociateurs ont commencé à utiliser les procédés de résolution des conflits tels que l'arbitrage et la médiation pour conclure des affaires. Nous reviendrons sur ce changement au chapitre 10.

À retenir. Essayez de transformer la résolution de conflits en négociation d'affaires en cherchant des intérêts sous-jacents. Envisagez d'utiliser les MARC et les perspectives pouvoir/droits/intérêts pour la résolution des conflits. Tentez aussi d'employer les démarches de résolution des conflits, telles que la médiation et l'arbitrage, lorsque vous passez un marché.

S'AGIT-IL D'UNE NÉGOCIATION INTERCULTURELLE ?

Une négociation interculturelle représente des défis uniques, le premier étant de déterminer si c'est bien le cas ! Nous pensons souvent que les négociations interculturelles impliquent des parties provenant de différents pays — par exemple, une négociation entre des Brésiliens et des Indiens. Toutefois, parce que de nombreux pays sont multiculturels, vous pouvez tout à fait être impliqué dans une négociation interculturelle avec votre voisin de palier.

Dans une négociation typique, vous analysez d'abord vos propres intérêts et ceux de l'autre partie. Puis, au cours de la négociation, vous tentez de déterminer si votre perception des intérêts de l'autre partie est pertinente.

Les négociations interculturelles, cependant, soulèvent deux obstacles que vous devez franchir en déterminant les intérêts de votre vis-à-vis. Le premier écueil est le style de négociation de l'autre partie, également connu sous le nom de « culture de surface ». L'autre écueil est la compréhension des valeurs et des croyances de l'autre partie, souvent appelées « culture profonde ». (Ball et McCulloch, *International Business*)

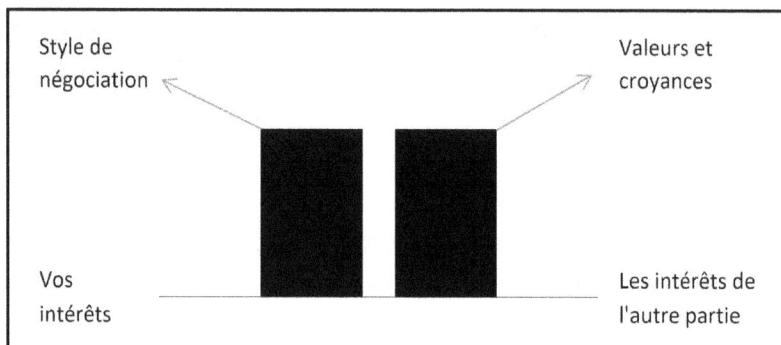

L'un des défis essentiels qu'il vous faut appréhender pour surmonter ces deux obstacles, c'est qu'il existe souvent des variations au sein d'une même culture. Par exemple, lorsque j'exerçais en tant que doyen associé à la Ross School of Business de l'Université du Michigan, j'étais notamment responsable d'un programme consistant à envoyer des étudiants en MBA dans la réserve navajo. Avant ma première visite à la réserve, j'ai essayé de me familiariser avec la culture navajo en lisant des livres et en consultant des sites web. J'ai découvert, par exemple, que dans la culture navajo on se serre la main très légèrement et qu'il est impoli de regarder quelqu'un directement dans les yeux.

Quand je suis arrivé à la réserve, le premier Navajo que j'ai rencontré m'a regardé droit dans les yeux en me donnant une vigoureuse poignée de main. Si je me suis senti ridicule d'avoir détourné le regard en lui serrant mollement la main, j'ai appris plus tard que son comportement était inhabituel. Mais cela m'a donné une leçon mémorable sur les différences qu'il peut y avoir au sein d'une même culture. Mieux vaut éviter les stéréotypes.

Jeswald Salacuse, ancien doyen de la Fletcher School à l'Université Tufts et expert de premier plan de la négociation internationale, a développé une évaluation pour les négociations interculturelles. C'est un processus en trois étapes. D'abord, réalisez l'évaluation, qui se trouve en annexe C. Ensuite, estimez l'endroit du spectre où se situe votre vis-à-vis issu d'une autre culture pour chaque élément de la liste. Enfin, effectuez une analyse des lacunes : où se trouvent les principales lacunes entre votre style de négociation et celui de votre vis-à-vis ? Cela vous aidera à cibler vos préparations en vue de la négociation interculturelle.

Réaliser l'évaluation et l'analyse des lacunes est un exercice utile, même lorsque votre négociation n'est pas de nature interculturelle. Pourtant, dans ce cas de figure, une quatrième étape est à conseiller. Une fois que vous avez identifié les lacunes, vous devez vous exercer à la négociation en inversant les rôles et en adoptant le style de l'autre culture.

Cet exercice présente deux avantages. D'abord, il vous donne une compréhension plus profonde du style de l'autre partie, ce qui vous sera utile lors de vos négociations. Ensuite, cet exercice peut vous faire découvrir des tactiques que vous tenterez d'appliquer à l'avenir.

Par exemple, je donne souvent à mes étudiants un exercice d'inversion des rôles, dans lequel certains sont limités dans ce qu'ils peuvent dire au cours d'une négociation. Ils témoignent ensuite que cet exercice leur permet de comprendre la force du silence. Lorsqu'ils gardent le silence, l'autre partie continue souvent à parler, révélant ainsi des informations utiles sur leurs intérêts et leur MESORE (un concept que nous développerons au chapitre 3). Ils découvrent aussi que lorsqu'ils parlent peu, l'autre partie écoute plus attentivement ce qu'ils ont à dire.

Une dernière problématique à prendre en compte lorsque l'on se prépare pour une négociation interculturelle pourrait être résumée par ce vieil adage : « À Rome, fais comme les Romains. » Est-ce un bon conseil pour les négociateurs ? Quand vous négociez dans une autre culture, devez-vous adopter le style de négociation local ?

Répondre « oui » à ces questions risque de poser deux problèmes. D'abord, si l'autre partie adopte la même approche, vous risquez de vous sentir tous les deux ridicules en essayant d'utiliser un style qui ne vous appartient pas. Quelqu'un m'a donné l'image d'un négociateur japonais qui rencontre un négociateur américain pour la première fois. Le négociateur japonais tend les bras pour faire une accolade à l'Américain au moment où ce dernier s'incline, et les bras du Japonais se referment sur le vide.

Le deuxième problème, c'est que si vous ne comprenez pas complètement l'autre culture, vos tentatives d'imitation pourraient s'avérer vexantes. L'un des participants à mon séminaire de négociation pour les cadres était le PDG de la filiale étrangère d'une grande société multinationale. À la différence des autres expatriés, qui vivent souvent dans des enclaves avec les autres cadres de leur pays d'origine, il a emménagé avec sa famille dans un petit village et s'est intensément immergé dans la culture locale. Grâce à cette expérience, il s'est senti suffisamment confiant pour adopter leur style de négociation — mais il demeure une exception.

Le meilleur conseil que j'ai récemment reçu sur la problématique « à Rome, fais comme les Romains » m'est venu de l'un de mes anciens étudiants, au Japon, qui s'est par la suite hissé dans les hautes sphères de la plus grande compagnie d'assurance-vie au monde. Quand je lui ai demandé si les Américains doivent adopter un style japonais lorsqu'ils négocient au Japon, il a répondu :

> Les Américains devraient garder leur propre style. Bien sûr, il est important de respecter la culture de chaque pays. Si nous nous respectons les uns les autres, la négo-

ciation sera agréable et constructive. Lorsque je négociais avec des Américains, y compris Jim Robinson (ancien PDG d'American Express) et Richard Fuld (ancien PDG de Lehman Brothers), ou des Européens, comme Dr Breuer (PDG de Deutsche Bank), je me sentais très à l'aise avec leur style, bien qu'ils soient plus directs, ouverts et entreprenants, et que leur attitude soit plus informelle, surtout celle des Américains. Le succès de la négociation entre des sociétés interculturelles dépend du respect que l'on a pour l'autre davantage que du style.

À retenir. Effectuez une analyse des lacunes pour comprendre comment votre style de négociation diffère de celui de votre vis-à-vis. Gardez à l'esprit qu'il existe des variations au sein de chaque culture. Menez des recherches afin d'éviter ce qui peut paraître offensant, mais faites preuve de circonspection lorsque vous essayez d'adopter le style de négociation d'une autre culture.

3 Réaliser une analyse de négociation

U ne fois que vous avez déterminé le type de négociation dans lequel vous êtes impliqué (basé sur l'intérêt ou sur la position ? conclusion d'une entente ou résolution de conflit ? interculturelle ?), vous êtes prêt à mener une analyse de négociation. Dans ce chapitre, nous explorons d'abord les questions générales que vous devez vous poser lors de votre analyse. Puis nous nous penchons sur deux aspects spécifiques de votre analyse — vos estimations quant à votre meilleure solution de rechange (MESORE) lorsque vous êtes impliqué dans une négociation de type résolution de conflits, et l'emploi d'arbres de décision pour calculer votre MESORE.

Six questions à se poser lors d'une analyse de négociation

Partons du principe que vous êtes engagé dans une négociation simple et courante — la vente d'une voiture. Vous êtes prêt à négocier avec un acheteur potentiel, Kyle. Kyle est la seule personne qui a répondu à votre annonce de vente. Vous avez besoin de tirer au moins 4000 $ de la vente de la voiture pour financer l'achat d'un pick-up que vous avez commandé.

Vous voulez garder votre voiture pendant encore trois semaines, le temps que votre pick-up arrive. La valeur raisonnable de la voiture (d'après plusieurs calculateurs en ligne) est de 5000 $. Si vous ne parvenez pas à trouver un acheteur prêt à vous verser au moins 4500 $, vous vendrez la voiture à votre ami Terry pour 4000 $. Vous savez que Terry vous laissera garder la voiture pendant encore trois semaines.

Quand je demande aux participants de mes séminaires sur la négociation quelles sont leurs analyses et leurs stratégies pour une négociation de ce type (ou une négociation commerciale plus complexe), on me donne souvent des réponses vagues qui consistent à poser des questions à l'autre partie. Poser des questions est une tactique importante que nous explorerons au chapitre 5. Toutefois, les avantages des questions seront limités si vous n'avez pas de références à l'esprit susceptibles de vous aider à évaluer les réponses que vous obtiendrez. Pour reprendre les paroles du joueur de baseball à la retraite, Yogi Berra, « si vous ne savez pas où vous allez, vous atterrirez ailleurs.» Voici une liste de six questions que vous devez vous poser afin de mieux comprendre où vous souhaitez vous rendre.

1. **Quel est mon objectif général dans cette négociation ? Pourquoi est-ce mon objectif ?** Dans cette situation, votre objectif est de vendre votre voiture. Vous voulez vendre la voiture pour pouvoir financer l'achat d'un pick-up que vous avez commandé.

2. **Quels enjeux sont les plus importants pour moi dans cet objectif, et pourquoi ces enjeux sont-ils importants ?** Le chapitre 2 mettait l'accent sur l'importance de dépasser ce que vous voulez (votre position) et de vous demander pourquoi vous le voulez (vos intérêts). Dans ce cas, les enjeux (et les intérêts) essentiels sont le prix (pour que vous puissiez financer l'achat du pick-up) et la date de transfert (car vous avez encore besoin de la voiture pour les trois prochaines semaines avant de recevoir votre pick-up).

3. **Quelle est ma meilleure solution de rechange (ME-SORE) ?** Cet acronyme a fait son apparition dans le monde de l'analyse de la négociation en 1981, avec la publication du livre *Comment réussir une négociation*. En

d'autres termes, quel est votre meilleur choix alternatif si l'accord ne se fait pas ? Identifier votre meilleure solution de rechange est particulièrement important, car c'est ce qui vous donne du poids dans une négociation. Avec une solution alternative forte, vous êtes plus puissant dans la négociation. Comme le dit l'un de mes étudiants, vous devriez « tomber amoureux » de votre MESORE — si elle est forte !

En l'occurrence, votre meilleure solution alternative est de vendre la voiture à votre ami Terry pour 4000 $. Votre volonté d'accepter de la part de Terry un prix plus bas que le montant minimum (4500 $) que vous demanderiez à Kyle illustre l'importance des relations dans les négociations. Lorsqu'il existe une relation forte, les négociateurs sont souvent plus flexibles dans leurs exigences.

4. **Quel est mon prix de réserve ?** C'est le prix le plus élevé qu'un acheteur est prêt à payer ou le prix le plus bas auquel un vendeur est prêt à vendre. Dans cette négociation, votre prix de réserve est de 4500 $.

5. **Quel est le prix le plus vraisemblable ?** Dans cette négociation, les faits indiquent que la valeur raisonnable de la voiture est de 5000 $.

6. **Quel est mon objectif étendu ?** Ce concept important est également la partie la plus floue de l'analyse. Votre objectif étendu dans une négociation de ce genre est un nombre supérieur au prix le plus vraisemblable du point de vue du vendeur, et inférieur au prix le plus vraisemblable du point de vue de l'acheteur.

Généralement, les négociateurs qui se donnent les objectifs étendus les plus ambitieux sont ceux qui réussissent le mieux dans leurs négociations. Une importante mise en garde, toutefois : si vous n'avez pas de base concrète sur laquelle établir votre objectif étendu, vous risquez de perdre en crédibilité auprès de l'autre partie.

Par exemple, en 1997, le boxeur Mike Tyson a acheté une maison de 17000 mètres carrés, avec 18 chambres et 38 salles de bains, pour un total de 2,7 millions de dollars. L'année suivante, il a essayé de vendre la maison et a établi un objectif étendu de 22 millions de dollars. Comme il ne trouvait pas d'acheteur, il a fini par baisser le prix demandé à 5 millions avant de retirer la propriété du marché. Apparemment, il avait perdu sa crédibilité. Cette histoire est rapportée dans un article du *Wall Street Journal*, intitulé « No Bites on Tyson House » (25 janvier 2002).

À l'exception du risque de perdre sa crédibilité, il n'existe pas de ligne directrice bien arrêtée pour établir ses objectifs étendus. Disons ici que votre objectif étendu est de 6000 $.

Pour répondre à ces questions, il est souvent utile de visualiser vos conclusions.

	Prix de réserve	Prix le plus vraisemblable	Objectif étendu
MESORE			
	4500	5000	6000

Comme nous le verrons au chapitre 7 en étudiant la psychologie de la négociation, les grands négociateurs ont la capacité de considérer la négociation du point de vue adverse. Ainsi, lorsque vous vous préparez à négocier, vous devez essayer d'estimer les réponses que donnerait Kyle à ces questions.

Bien sûr, ces chiffres ne seront pas précis et vous essaierez d'obtenir des informations additionnelles une fois que la négociation aura commencé. Mais pour l'heure, partons du principe que le prix de réserve de Kyle (c'est-à-dire le maximum que Kyle paiera) est de 5500 $, que son estimation vraisemblable est de 4500 $ et que son objectif le plus étendu est de 3500 $. Nous pouvons aussi avancer que la MESORE de Kyle est d'acheter une voiture auprès d'un autre vendeur.

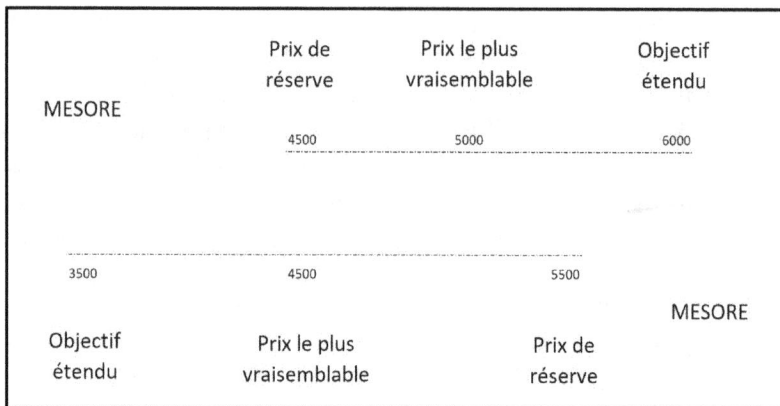

MESORE	Prix de réserve	Prix le plus vraisemblable	Objectif étendu
	4500	5000	6000

	3500	4500	5500
	Objectif étendu	Prix le plus vraisemblable	Prix de réserve

MESORE

Avec ces chiffres en tête, vous êtes maintenant prêt à réaliser la dernière partie de l'analyse — calcul de la zone d'accord possible (ZAP). C'est la zone dans laquelle l'accord peut avoir lieu. En l'occurrence, le prix ne sera pas plus bas que votre prix de réserve, 4500 $, ni plus haut que le prix de réserve de Kyle, 5500 $. Voici une représentation de l'analyse des deux côtés.

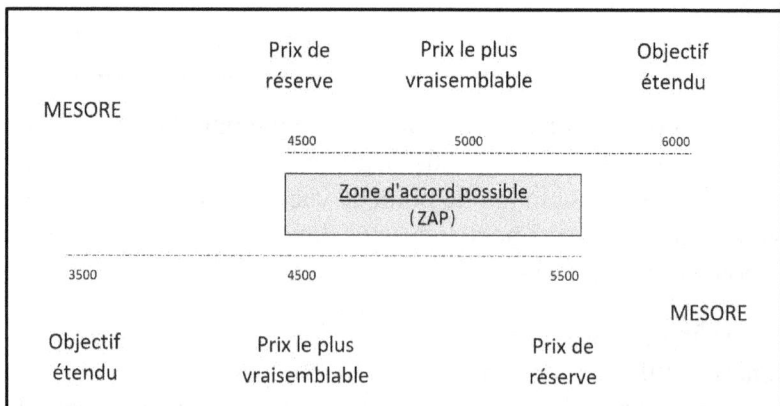

MESORE	Prix de réserve	Prix le plus vraisemblable	Objectif étendu
	4500	5000	6000
	Zone d'accord possible (ZAP)		

	3500	4500	5500
	Objectif étendu	Prix le plus vraisemblable	Prix de réserve

MESORE

Entre parenthèses, lorsque des étudiants russes ont suivi mon cours en Bulgarie il y a quelques années, ils ont commencé à rire chaque fois que je faisais allusion à la « ZOPA »[1]. Par exemple, je leur disais qu'il était intéressant de débuter les négociations avec la « ZOPA » la plus large possible. Quand je leur ai demandé ce qu'il y avait de si comique à propos de la « ZOPA », ils m'ont dit que c'était un mot russe qui faisait référence au postérieur. Les variations du langage sont un défi quand on enseigne dans un contexte interculturel !

Cette analyse de négociation se concentre sur le prix. Mais comment analyser l'autre question importante qui vous intéresse — votre souhait de conserver la voiture pendant encore trois semaines ? Vous devez essayer d'anticiper la réponse de Kyle à cette requête.

Il y a deux réponses possibles. D'abord, Kyle peut être indifférent à la date de transfert. En tant que fin négociateur, Kyle peut faire semblant d'y attacher de l'importance afin de faire baisser le prix, mais en fin de compte vous serez capables de trouver un terrain d'entente.

La réponse sera plus délicate si Kyle a besoin de la voiture immédiatement, car vos deux positions seront directement en conflit. Vous devez vous préparer à cette éventualité en allant au-delà de la position de Kyle — « J'ai besoin de la voiture tout de suite » — pour explorer les intérêts sous-jacents.

Par exemple, quand vous posez à Kyle la question « pourquoi » (« Pourquoi avez-vous besoin de la voiture tout de suite ? »), la réponse peut être que Kyle a besoin de la voiture pour se rendre au travail. Peut-être pourrez-vous alors trouver un moyen de répondre à ce besoin en lui fournissant une solution alternative de transport au cours des trois prochaines semaines. Vous pouvez même proposer à Kyle de le conduire sur son lieu de travail.

---

[1] ZAP, en anglais (ZOPA : Zone Of Possible Agreement)

À retenir. Préparez-vous à la négociation en vous posant les six questions décrites dans ce chapitre et essayez de prévoir comment l'autre partie y répondrait. Soyez également prêt à chercher les intérêts sous-jacents.

Votre analyse de MESORE dans une négociation de type résolution de conflit

Comme nous l'avons mentionné plus haut, la MESORE est un concept clé car il vous donne un levier dans la négociation. Dans la majeure partie des transactions d'affaires, l'application du concept est plutôt directe, car il implique de prendre en compte des conclusions alternatives. Le concept devient plus complexe dans les négociations de type résolution de conflits, où la MESORE pourrait être, en fin de compte, une procédure judiciaire.

Le scénario de type résolution de conflit demande une compréhension basique de la démarche du litige, en premier lieu, et, ensuite, des techniques d'évaluation de l'issue du litige. Cette section passera en revue la démarche du litige et la section suivante présentera un outil pour en évaluer l'issue, tant pour les négociations de type accord que pour celles de type résolution de conflit.

Cette explication de la démarche de litige examinera les différences fondamentales entre le litige aux États-Unis et dans d'autres pays. Dans une économie mondiale, il est particulièrement important pour vous de comprendre ces différences de sorte que vous puissiez prendre des décisions solides en fonction de la stratégie du litige et des possibilités d'accord. Voici cinq différences fondamentales.

1. **Frais d'honoraires.** Aux États-Unis, les avocats sont engagés sur la base d'honoraires conditionnels, ce qui signifie que leurs tarifs dépendent de l'issue de l'affaire. Par exemple, si un avocat engagé sur la base d'honoraires à

hauteur de 30 % permet de gagner 10 millions, son tarif sera de 3 millions. Si l'avocat perd, il touchera 30 % de zéro. Au cours de ces dernières années, le système d'honoraires conditionnels s'est étendu à plusieurs pays en dehors des États-Unis.

2. **Dommages et intérêts exemplaires.** Dans plusieurs pays du monde entier, le but des dommages est d'indemniser une partie qui a été lésée par quelqu'un d'autre. Mais dans certaines circonstances, les tribunaux des États-Unis accorderont des dommages et intérêts dans le but de punir quelqu'un dont les actions étaient intentionnelles, malveillantes ou inconsidérées.

3. **Découverte.** La découverte est le processus par lequel les avocats dévoilent une preuve utile pour le litige. Les tribunaux des États-Unis sont historiquement plus libéraux en permettant aux avocats de chercher des preuves en fouillant dans les documents que détient la partie adverse.

4. **Jury.** Aux États-Unis, à la différence de la majeure partie des pays, le jury a le droit de décider dans le cadre d'affaires civiles.

5. **« La règle américaine ».** Aux États-Unis, la règle traditionnelle veut que chaque partie paie ses propres honoraires d'avocat, même après avoir remporté une affaire. D'autres pays ont une règle de type « les perdants paient » (également connue sous le nom de « système pratiqué partout sauf aux États-Unis »), où la partie perdante doit payer les frais de justice du gagnant.

Combinées, ces caractéristiques du système américain peuvent faire du litige une MESORE intéressante pour les plaignants. Par exemple, si j'engage un avocat sur la base d'honoraires conditionnels pour vous poursuivre, vous engageriez votre propre avocat pour défendre l'affaire. Si le tribunal rejette le procès, je ne dois rien à mon avocat, car ses honoraires ne sont exigibles qu'en cas d'issue positive. Et d'après la règle américaine, je n'aurai pas à couvrir les frais de votre avocat, même si je perds le procès.

Pour illustrer ces cinq éléments du système américain, penchons-nous sur une affaire jugée par la Cour suprême du Tennessee, *Flax v. DaimlerChrysler* (272 S.W.3d 521). Dans cette affaire, un grand-père conduisait une Dodge Caravan avec trois passagers — un ami, assis sur le siège avant, la fille du conducteur dans le siège derrière son père, et son petit-fils de 8 mois derrière le passager. Quelqu'un qui roulait au volant d'un pick-up bien au-dessus de la limite de vitesse s'est écrasé derrière la Caravan, entraînant l'affaissement du dossier du passager sur le bébé, qui est mort de ses blessures.

Bien que cela ne soit pas abordé dans l'affaire, nous pouvons supposer que les négociations entre le groupe automobile et les parents à propos des dommages et intérêts n'ont pas abouti, et que l'affaire est donc passée à sa MESORE — une décision en justice. Nous pouvons également avancer que les parents ont engagé un avocat sur la base d'**honoraires conditionnels**, même si ce n'est pas précisé dans le dossier.

Les affaires commencent par le dépôt d'une plainte. Dans leur plainte, les parents du bébé ont estimé que les sièges étaient défectueux et que le groupe n'en avait pas averti les clients. En réponse à la plainte, la société a nié que ses sièges étaient défectueux.

L'étape qui suit la plainte et sa réponse est celle de la **découverte**. Dans cette affaire, l'avocat des parents a découvert que l'équipe chargée de la sécurité au sein de la compagnie avait fait état « que les sièges étaient inadaptés pour protéger les usagers ». La société a ordonné la destruction d'un compte-rendu de réunion qui abordait cette question, a dissous l'équipe et a renvoyé son responsable.

L'étape suivante est celle du procès, où un **jury** a reconnu aux parents 5 millions de dollars de dommages et intérêts pour la mort injuste de leur bébé, ainsi que 98 millions de dollars de **dommages exemplaires**. Le procès et les tribunaux d'appel ont fini par réduire les dommages exemplaires à 13,4 millions, de sorte que le montant total des dommages s'élevait à 18,4 millions de dollars. Même si le tribunal ne le mentionne pas, nous pouvons supposer que, d'après la **règle américaine**, les honoraires de l'avocat des parents ont été déduits de ce total et n'ont pas pu être récupérés par la compagnie.

Une caractéristique que le système américain partage malheureusement avec les autres systèmes juridiques, c'est la longueur des procédures. L'accident de cette affaire a eu lieu le 30 juin 2001 ; la décision finale fut prise presque huit ans plus tard, le 26 mai 2009.

À retenir. Quand vous négociez la résolution d'un conflit, votre ultime MESORE est sans doute le litige. Cette MESORE n'est souvent pas alléchante, surtout aux États-Unis, ce qui devrait vous encourager à tenter de négocier une entente.

Utiliser les arbres de décision pour calculer sa MESORE

Cette section décrit les arbres de décision, des outils précieux, utiles pour calculer votre MESORE, à la fois dans le cas de la conclusion d'une entente ou de la résolution d'un conflit. Cet outil est également pratique pour toutes sortes de décisions personnelles (dois-je faire cette opération du genou ?) et professionnelles (dois-je investir dans cette entreprise risquée ?).

Calculez votre MESORE en cas de résolution de conflit. Observons d'abord l'utilisation d'un arbre de décision pour calculer la valeur de votre MESORE ultime dans une négociation de type résolution de conflits — un procès. Supposons que votre compagnie a poursuivi un fournisseur en justice pour 4,6 millions de dollars. Votre avocat vous explique que les chances pour que votre société gagne sont de 50-50. Les dépenses à prévoir pour porter l'affaire devant les tribunaux sont de 400 000 $ au total.

Au cours des négociations, le fournisseur propose de régler l'affaire pour 2 millions. Devriez-vous accepter cette offre ? Comme dans n'importe quelle négociation, votre réponse dépendra de votre MESORE. Si vos émotions et votre attitude envers le risque peuvent entrer en ligne de compte, observons comment un arbre de décision peut servir à calculer de manière logique la valeur de votre MESORE.

La première étape de l'analyse, c'est la description de la décision à l'aide d'un arbre latéral. Un carré ou un rectangle représente la décision et les cercles désignent les incertitudes. Cette étape du processus est utile pour clarifier votre pensée, même si vous en restez là.

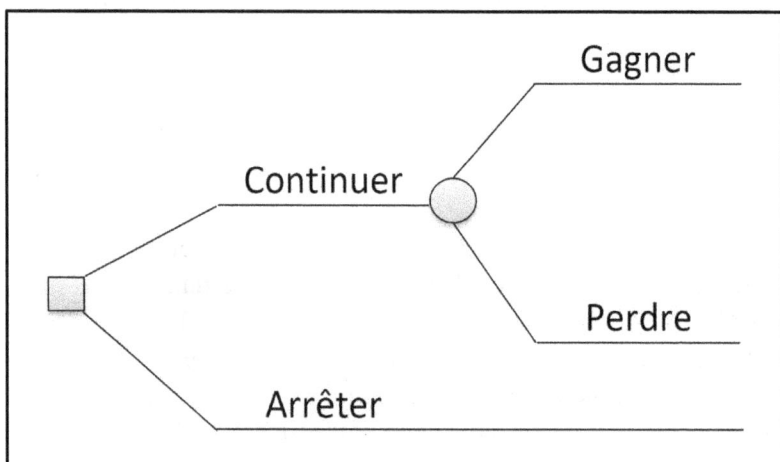

La deuxième étape du processus est d'ajouter des nombres à l'arbre. Les chances de gagner à 50-50 sont inscrites à l'embranchement des incertitudes et les conséquences financières sont présentées à la fin de chaque branche. Les dépenses juridiques ont été déduites pour arriver à 4,5 millions de dollars.

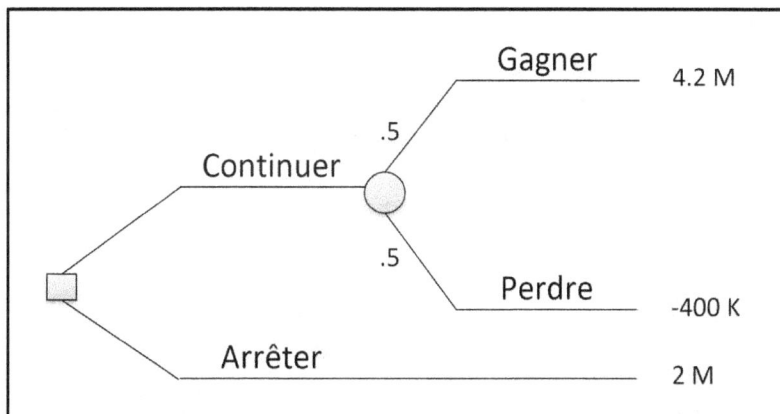

Enfin, la valeur attendue en cas de poursuite du litige est déterminée par le calcul d'une moyenne mesurée des deux possibilités incertaines. 50 % de 4,2 millions plus 50 % de -400 000 dollars équivaut à 1,9 million de dollars. C'est moins que l'accord à 2 millions de dollars. La logique voudrait donc que vous acceptiez l'offre, car elle vaut mieux que votre MESORE (continuer avec le litige).

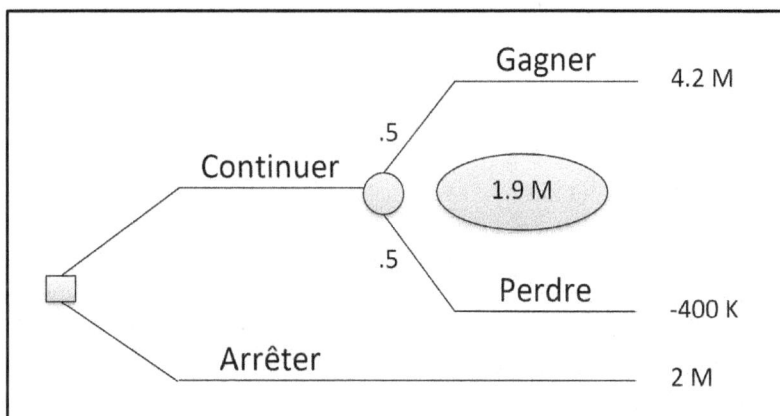

Calculez votre MESORE en cas de conclusion d'une entente.
Le même procédé peut être employé pour calculer votre MESORE lorsque vous concluez une affaire. Disons que vous êtes en train de négocier pour acheter la Société A, évaluée à 21 millions de

dollars. Si vous achetez A, il y a 90 % de chances pour que le gouvernement conteste l'acquisition, et 60 % de chances que le gouvernement gagne. Si le gouvernement gagne, la valeur de A chutera à 14 millions de dollars à cause de ses honoraires juridiques et de ses coûts de liquidation. Même si le gouvernement perd, la valeur de A chutera à 19 millions de dollars à cause des frais juridiques.

Votre MESORE est d'acheter la Société B. B est évaluée à 15 millions de dollars et est disponible pour le même prix que A. Vous êtes certain que le gouvernement ne contestera pas l'acquisition de B. Poursuivriez-vous avec l'achat de A ou vous concentreriez-vous sur votre MESORE — l'achat de B ?

L'analyse d'un arbre de décision suit les mêmes étapes que décrites précédemment. Vous commencez avec une image de la décision qui ressemble à un arbre latéral. Dans ce cas, cependant, deux incertitudes découlent de la décision d'acheter A : (1) est-ce que le gouvernement contestera l'acquisition, et dans ce cas, (2) est-ce que le gouvernement gagnera ?

Après avoir tracé l'arbre, vous assignez des probabilités — les 90 % de chance que le gouvernement conteste l'acquisition et les 60 % de chance que le gouvernement l'emporte. Vous ajouterez aussi les conséquences financières à la fin de chaque branche de votre arbre de décision.

Enfin, vous calculez les moyennes mesurées pour obtenir une valeur attendue de 16,5 millions de dollars si vous faites l'acquisition de A. La logique vous dirait de poursuivre avec l'achat de A, car cette valeur est supérieure aux 15 millions de dollars que vaut votre MESORE (l'acquisition de B).

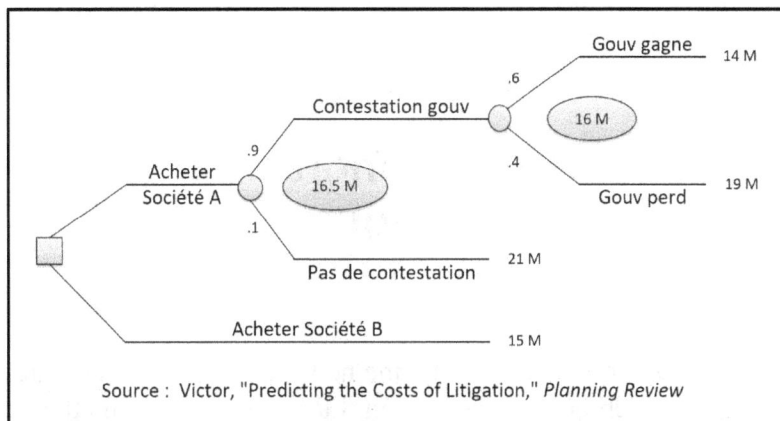

Source : Victor, "Predicting the Costs of Litigation," *Planning Review*

À retenir. Les arbres de décision sont des outils utiles pour calculer votre MESORE, lors de négociations pour résoudre un conflit ou conclure une entente. Cet outil vous sert également à prendre toute une variété d'autres décisions personnelles et professionnelles.

4 Comment répondre aux questions éthiques

Aucune autre activité humaine ne teste vos valeurs éthiques aussi bien que la négociation. La prise de décision éthique est parfois traitée par les enseignants et les auteurs spécialisés en négociation comme un sujet fluctuant, dépourvu de normes bien définies. En réalité, il existe des directives que vous devriez avoir à l'esprit avant d'entamer toute négociation.

Ce chapitre se concentre avant tout sur les directives que vous donne la loi en cas de dilemme éthique lors de vos négociations, avant d'aller au-delà des questions légales pour examiner les critères éthiques généraux.

Les critères éthiques basés sur la loi

Pour conceptualiser la relation entre la loi et la morale, visualisez deux cercles qui se chevauchent. Le cercle de gauche représente les principes juridiques et celui de droite représente les principes éthiques.

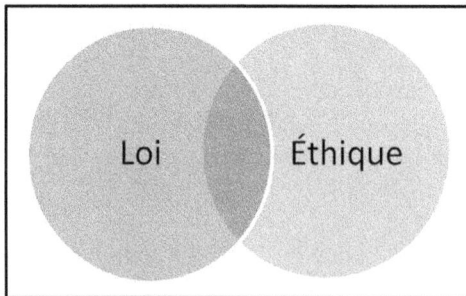

La section du cercle de la loi qui ne coupe pas le cercle éthique représente les règles légales qui ne sont pas en rapport avec l'éthique. Par exemple, la loi dans certains pays vous demande de conduire du côté droit de la route, alors que dans d'autres il faut rouler du côté gauche. Il s'agit simplement d'une règle pratique qui n'a rien à voir avec les considérations éthiques.

La section du cercle de l'éthique qui ne coupe pas le cercle juridique représente les situations dans lesquelles la loi ne fournit pas de directives pour les dilemmes éthiques que vous rencontrerez. Si vous remarquez qu'un bébé est tombé dans une piscine, la loi (du moins aux États-Unis) ne vous demande pas de sauver l'enfant. Vous devrez alors vous baser sur des critères éthiques pour décider de la marche à suivre.

Le chevauchement entre les cercles représente les zones où les règles juridiques sont étroitement liées aux principes éthiques. « Tu ne tueras point » est une norme éthique ainsi qu'une loi. Trois critères éthiques de cette zone, fondés sur la loi, sont particulièrement utiles lorsque vous faites face à des dilemmes au cours de vos négociations : fraude, obligation fiduciaire et abus.

Fraude. La fraude est définie comme une fausse représentation d'un fait matériel sur lequel s'appuie l'autre partie. En d'autres termes, il est illégal de mentir sur des faits que l'autre partie prend en considération pendant les négociations.

La représentation fausse doit se rapporter à un fait qui va au-delà de la simple poudre aux yeux, la vantardise subjective courante en publicité. Par exemple, d'après un article du *USA Today* (26 février 2014), un groupe de consommateurs a poursuivi en justice le cycliste Lance Armstrong au motif qu'il avait commis une fraude en affirmant que certains produits énergétiques étaient l'« arme secrète » qui avait conduit à son succès. Ils l'ont accusé d'avoir menti, car sa véritable arme secrète était en réalité le dopage. Un juge de Los Angeles a rejeté l'affaire après avoir conclu que les déclarations d'Armstrong n'étaient que de la publicité.

Parfois, même les déclarations qui sont techniquement véridiques peuvent être considérées comme frauduleuses si elles ont besoin de clarification. Par exemple, un couple de Washington était intéressé par l'achat d'un hôtel. Au cours des négociations, le propriétaire leur a donné des informations concernant le revenu mensuel.

Une fois l'achat réalisé, ils ont appris que l'hôtel servait de maison de passe et que le revenu mensuel était basé sur l'activité de prostitution. Le tribunal, dans *Ikeda c. Curtis* (261 P.2d 684) leur a permis de recevoir des dommages et intérêts, en arguant que :

> Une représentation littéralement véridique est passible de poursuites si elle est employée pour créer une impression substantiellement fausse. En l'espèce, il n'y avait pas de fausse déclaration quant au montant du revenu […] [Le propriétaire] les a trompés en omettant de leur révéler la source des revenus.

Il existe deux domaines dans lesquels la tentation de dire délibérément des mensonges est particulièrement forte au cours des négociations. D'abord, disons que je suis en train de négocier pour acheter votre maison. Vous avez proposé la maison à 300 000 $. Pendant les négociations, je vous demande si vous en accepteriez 250 000 $. Vous répondez « hors de question », alors qu'en réalité vous accepteriez n'importe quel montant supérieur à 240 000 $. En d'autres termes, vous bluffez à propos de votre prix de réserve, qui est de 240 000 $.

Votre mensonge délibéré quant au prix de réserve est-il frauduleux ? C'est peu probable. Ce genre de bluff fait partie du jeu de la négociation, auquel l'autre partie doit s'attendre. Pour reprendre la définition de la fraude établie plus haut, votre déclaration ne devrait pas être considérée comme un « fait substantiel sur lequel s'appuie l'autre partie ». Comme indiqué dans le commentaire des Règles de bonne conduite professionnelle des avocats,

D'après les conventions communément admises en négociation, certains types de déclarations ne sont généralement pas considérés comme des déclarations d'importance substantielle. Les estimations de prix ou de valeur émises sur l'objet d'une transaction et les intentions d'une partie quant au règlement acceptable d'une revendication se rangent généralement dans cette catégorie [...]

Bien que la loi vous permette de jouer le jeu de la négociation en de telles circonstances, vous devriez toujours prendre en compte les normes éthiques générales évoquées plus loin dans ce chapitre. Vous devez aussi avoir à l'esprit que même la loi a des limites à ne pas dépasser lorsque vous poussez le jeu de la négociation.

Par exemple, si vous négociez avec moi la vente de la maison, vous pourriez me mentir en déclarant que d'autres acheteurs sont prêts à verser les 300 000 $ que vous en demandez, alors qu'en réalité ces autres acheteurs n'existent pas. En d'autres termes, vous me mentez à propos de votre MESORE. Dans ce scénario, des précédents me permettent de vous tenir responsable si j'entreprends d'acheter votre maison en me basant sur ce mensonge.

Obligation fiduciaire. Une obligation fiduciaire est un impérieux devoir de confiance et de loyauté, le type de devoir que les intermédiaires (y compris les employés) doivent à leurs commettants. Supposez, par exemple, qu'un promoteur immobilier vous embauche pour obtenir d'une institution bancaire un engagement de financement à hauteur de 10 millions de dollars. Le promoteur vous promet une commission de 50 000 $. Vous parvenez à obtenir l'engagement et l'institution bancaire est tellement satisfaite de votre accord qu'elle vous verse des honoraires d'intermédiaire.

Si le promoteur refuse de payer, avez-vous droit à la commission de 50 000 $? Non, a statué un tribunal de Géorgie dans *Spratlin c. Hawn* (156 S.E.2d 402). Dans cette affaire, l'agent a violé l'obligation fiduciaire qu'il devait au promoteur en acceptant les honoraires d'intermédiaire. Un agent ne peut pas « se compromettre en tentant de servir deux maîtres présentant un conflit d'intérêts… » Dans cette situation, l'intermédiaire aurait dû révéler sa double mission aux deux commettants.

Abus. L'abus est un terme générique, employé dans de nombreux domaines de la vie courante. Toutefois, c'est un concept de première importance en négociation, qui intervient en cas de déséquilibre des pouvoirs entre les parties. En substance, la loi exige que vous agissiez moralement lorsque vous êtes la partie la plus puissante.

Les tribunaux se concentrent sur deux aspects lorsqu'il s'agit de décider si un contrat est abusif. D'abord, ils étudient le processus de négociation (abus de procédure) : la partie la plus faible a-t-elle été contrainte à accepter les conditions du contrat en raison d'un déséquilibre dans les pouvoirs de négociation ? Ensuite, ils se penchent sur le contenu de l'accord (abus de fond) : les termes de l'accord sont-ils si déraisonnables qu'ils violent les principes de bonne conscience ?

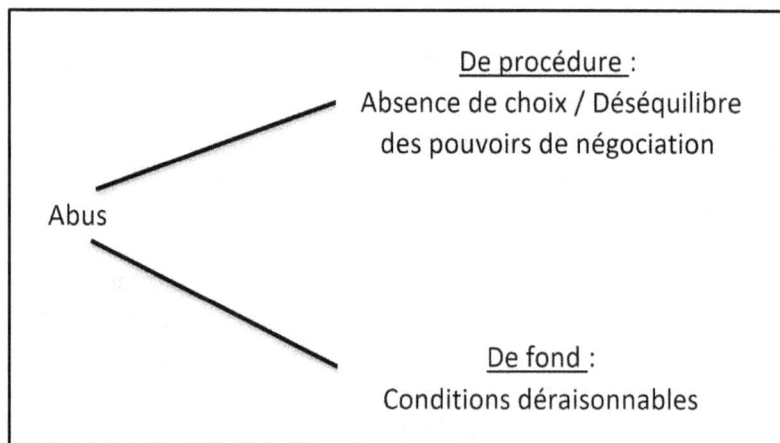

Abus

De procédure :
Absence de choix / Déséquilibre
des pouvoirs de négociation

De fond :
Conditions déraisonnables

Citons comme exemple d'abus le restaurant Hooters, qui avait adopté un programme alternatif de résolution des conflits. Dans le cadre de ce programme, les employés devaient signer un « Accord d'arbitrage des conflits de travail », dans lequel ils acceptaient d'arbitrer tous les conflits de travail, dont les plaintes pour harcèlement sexuel. Une serveuse de Hooters, qui avait signé l'accord, engagea des poursuites auprès de la Cour fédérale pour harcèlement sexuel.

Quand Hooters argumenta qu'elle devait se soumettre à l'arbitrage au lieu de se présenter devant un tribunal, le tribunal a décrété que l'accord d'arbitrage représentait un abus, ce qu'une cour d'appel a confirmé, en précisant que les règles de l'accord d'arbitrage étaient « tellement unilatérales que leur seul but possible est de saper la neutralité de la procédure ».

Parmi les raisons de cette décision : les arbitres étaient choisis dans une liste établie par Hooters. Hooters pouvait annuler l'accord d'arbitrage, mais pas les employés. Et Hooters pouvait changer les règles d'arbitrage à tout moment. (*Hooters c. Phillips*, 173 F.3d 933.)

Même lorsque vos négociations ne sont pas juridiquement abusives, il existe d'autres raisons de se montrer prudent en exerçant son pouvoir lorsque les négociations sont unilatérales. L'une de ces raisons est bien résumée dans une citation célèbre de J. Paul Getty : « Mon père disait : vous ne devez jamais essayer de gagner tout l'argent qui est en jeu. Laissez l'autre gars se faire aussi un peu d'argent, parce que si vous avez la réputation de toujours tout rafler, vous ne ferez plus jamais d'affaires. »

Une autre raison de faire preuve de prudence, c'est que l'équilibre des pouvoirs est susceptible de changer dans l'avenir. Un cadre supérieur qui assistait à l'un de mes cours travaillait pour une société qui avait signé des contrats de plus de 100 millions de dollars avec une entreprise de camionnage chargée de livrer ses produits. Profitant d'une période où l'économie était faible et où les solutions de transport ne manquaient pas, la société s'est montrée dure en négociant des prix très bas. Lorsque les contrats ont pris fin trois ans plus tard, ce fut au tour de l'entreprise de camionnage de montrer les dents, car cette fois l'économie s'était redressée et qu'ils avaient développé de solides MESORE.

Les critères éthiques au-delà de la loi

Lorsque les règlements juridiques ne vous aident pas, un ensemble de critères éthiques est disponible pour vous aider à résoudre les dilemmes éthiques qui peuvent survenir au cours des négociations. En voici quelques exemples :

Les normes de votre entreprise. Si votre dilemme éthique survient au travail, vous devrez consulter le code de conduite de votre société pour obtenir des consignes. Comme Lynn Paine, professeur à la Harvard Business School, en fait la remarque, le code de votre société peut avoir un objectif de conformité, visant à encourager une conduite responsable grâce à des normes qui vont au-delà de ce que stipule la loi. (« Managing for Organizational Integrity », *Harvard Business Review*.) Sinon, il se peut que la société combine les deux stratégies.

Citons un exemple pour illustrer cette volonté d'intégrité. En 1982, Johnson & Johnson ont rencontré un dilemme majeur lorsque sept personnes sont mortes d'empoisonnement après avoir ingéré du Tylenol commercialisé par leur société :

- une fille de 12 ans,

- un employé des postes de 27 ans, son frère et sa belle-sœur,

- une mère de 27 ans (qui se remettait de la naissance de son fils),

- un steward de 35 ans,

- un employé de bureau de 31 ans.

Quelqu'un avait ajouté le poison au Tylenol en trafiquant les flacons dans une boutique. La police n'a jamais pu retrouver le criminel.

Le Tylenol était un produit phare pour la société et représentait 15 % de ses profits. Pendant une période de quatre jours qui impliqua d'intenses négociations quant à la manière de gérer au mieux la crise, la société envisagea de rappeler le produit, ainsi que 150 autres mesures possibles. Lorsqu'elle prit sa décision finale, la société invoqua son credo : « Nous croyons que notre première responsabilité est envers les médecins, les infirmiers et les patients, les mères et les pères, ainsi que tous ceux qui utilisent nos produits et nos services. »

Avec ce credo en tête, la décision paraissait beaucoup plus évidente : rappeler le produit. Près de 31 millions de flacons ont été rappelés sur tout le territoire, entraînant une perte de 100 millions de dollars. Au cours du mois qui suivit le rappel, la société développa un emballage à triple scellé et, deux ans plus tard, avait retrouvé la majeure partie de ses parts de marché.

Quelqu'un que vous admirez. Lorsque vous êtes confronté à un problème éthique, pensez à quelqu'un que vous admirez et demandez-vous ce que cette personne ferait pour résoudre le dilemme. Ce peut être quelqu'un que vous connaissez par vos lectures — un personnage historique — ou quelqu'un que vous observez au travail.

Un avocat de Qualcomm expliquait pourquoi il admirait le PDG Irwin Jacobs. Pendant les négociations, l'autre partie avait accidentellement envoyé à l'avocat un fax qui s'avérait contenir des informations confidentielles à propos de l'affaire en cours. Comme il le raconte : « J'ai couru dans le bureau d'Irwin avec le fax. Mais avant que j'aie pu commencer à le lire, il m'a demandé : "Nous était-il adressé ?" Quand je lui ai répondu non, il a répondu : "Renvoyez-le". Je suis reparti la queue entre les jambes. C'est une personne très morale. La plupart des gens auraient lu ce document. » (*National Law Journal*, 31 janvier 2000)

Le test de la famille et des journaux. Vous sentiriez-vous à l'aise à l'idée de raconter à votre famille votre comportement lors d'une négociation ? Comment vous sentiriez-vous si vous lisiez le compte-rendu de vos actions en une du journal local ? Parfois, ces tests se combinent. Comme l'explique l'investisseur de légende Warren Buffett : « Une fois qu'ils obéissent d'abord à toutes les règles, je veux ensuite que les employés se demandent s'ils sont prêts à voir les actes qu'ils envisagent sur la première page de leur journal local, et qu'ils soient lus par leurs conjoints, leurs enfants et leurs amis. »

La Règle d'Or. La Règle d'Or fait partie de toutes les principales religions du monde. Bien que la formulation précise diffère de l'une à l'autre, la règle suggère dans ses grandes lignes que vous traitiez les autres comme vous souhaitez que l'on vous traite.

Cette règle est étroitement liée aux notions d'égalité. Dans mon cours de négociation, je mène parfois ce que l'on appelle un jeu par ultimatum. (Guth *et al.*, « An Experimental Analysis of Ultimatum Bargaining », *Journal of Economic Behavior and Organization*.) Chaque personne d'un côté de la classe (les « attributeurs ») reçoit 1000 $ imaginaires, qu'elle doit partager avec quelqu'un de l'autre côté de la salle (les « bénéficiaires »).

Les attributeurs déterminent comment l'argent doit être divisé. Par exemple, un attributeur peut prendre 999 $ et donner au bénéficiaire le dollar restant. Les bénéficiaires peuvent accepter ou rejeter la décision de l'attributeur. S'ils acceptent la décision, l'argent est divisé selon le choix de l'attributeur. S'ils rejettent la décision, alors aucune des deux parties ne reçoit quoi que ce soit. C'est une décision unique, à prendre ou à laisser, et non une négociation.

Dans une classe typique, de nombreux attributeurs optent pour un partage à 50-50, qui convient aux bénéficiaires. Mais d'autres attributeurs deviennent gourmands et donnent par exemple 100 $ aux bénéficiaires pour garder 900 $. Dans ces cas, les bénéficiaires refusent souvent le partage, de sorte que les deux parties n'obtiennent rien.

Quand je demande aux bénéficiaires quelle est leur MESORE, ils réalisent qu'elle est de zéro. Donc s'ils agissaient en individus rationnels d'un point de vue économique, ils accepteraient même un centime en partage. Mais au lieu de cela, nombre d'entre eux insistent pour avoir bien plus de 100 $.

Je demande alors aux bénéficiaires d'expliquer pourquoi ils décident de rejeter des montants pourtant bien supérieurs à leur MESORE, et les réponses se résument à une question d'égalité. Ils ne pensent pas qu'il soit juste que les attributeurs ne leur donnent qu'un petit pourcentage du total et ils sont prêts à abandonner plusieurs centaines de dollars pour punir les attributeurs.

Il y a deux leçons à tirer de cet exercice. D'abord, parce qu'une égalité de traitement est importante pour l'autre partie, vous pouvez réduire vos coûts de transaction lors de futures négociations en vous montrant juste et intègre.

Par exemple, dans les ventes de sociétés, les parties dépensent généralement des millions de dollars en mesures de vigilance au cours des procédures de négociation. Mais quand Warren Buffet a décidé de racheter une société à 23 millions de dollars à Wal-Mart, les parties ont tenu une réunion de deux heures qui s'est conclue par une poignée de main. Pourquoi ? Wal-Mart jouissait d'une solide réputation. D'après Buffet : « Nous n'avons pris aucune mesure de vigilance. Nous savions que tout se déroulerait exactement comme Wal-Mart l'avait dit — et c'était vrai. » (Covey, *The Speed of Trust*)

La deuxième leçon de cet exercice par ultimatum est de bien comprendre le rôle de l'égalité dans vos propres prises de décision. Souhaitez-vous faire un important sacrifice financier pour punir quelqu'un qui ne vous a pas traité avec justice ? Quand quelqu'un vous dupe de manière illégale, êtes-vous prêt à dépenser le temps et l'argent nécessaires pour poursuivre un litige ? Il n'y a pas de mal à prendre des décisions pour lesquelles vos notions d'égalité priment sur vos considérations financières — tant que vous êtes conscient de ce qui motive votre comportement et que vous en connaissez les conséquences.

Comportement contraire à l'éthique chez la partie adverse

Jusqu'à présent dans ce chapitre, nous nous sommes concentrés sur les directives que vous pouvez suivre lorsque vous rencontrez un dilemme éthique. Mais que faire si vous pensez que l'autre partie se comporte de manière contraire à l'éthique ? Savez-vous quand l'autre partie vous ment lors d'une négociation ? J'ai une bonne et une mauvaise nouvelle.

La mauvaise nouvelle, c'est qu'il est très difficile de savoir lorsque quelqu'un ment. Des chercheurs sont arrivés à la conclusion que les stéréotypes à propos des menteurs, qui détournent le regard ou se raclent la gorge, sont des mythes. (Et rien ne prouve que le nez des menteurs s'allonge !) Dans le cadre d'une étude, un chercheur n'a réussi à identifier que 31 humains capables de détecter les mensonges sur les 13 000 personnes testées. (« Deception Detection », *Science News*, 27 juillet 2004)

La bonne nouvelle, c'est que les négociateurs sont davantage susceptibles de tromper l'autre partie par omission (induire l'autre en erreur en taisant quelque chose) que par de fausses affirmations. Des chercheurs ont identifié une préférence pour l'omission, la tendance qu'ont les humains à penser que l'action immorale est pire que l'inaction immorale. La leçon que l'on en tire, c'est que lorsque vous interrogez minutieusement l'autre partie, elle sera peut-être réticente à vous mentir directement, vous permettant ainsi de dévoiler ses omissions trompeuses.

À retenir. Lorsque vous rencontrez des dilemmes éthiques au cours des négociations, fiez-vous aux trois critères basés sur la loi : la fraude, l'obligation fiduciaire et l'abus. Avant d'entamer les négociations, choisissez d'utiliser au moins l'un des critères éthiques généraux si la négociation soulève des inquiétudes que le champ de la loi ne couvre pas.

II STRATÉGIES ET TACTIQUES CLÉS EN NÉGOCIATION

5. Développer ses relations et son pouvoir

6. Comprendre le rôle des intermédiaires dans une négociation

7. Les outils psychologiques à employer — et les pièges psychologiques à éviter

5 Développer ses relations et son pouvoir

Une fois que vous avez terminé votre préparation en déterminant votre type de négociation, en menant une analyse de négociation et en décidant de la manière de résoudre les questions éthiques, vous êtes prêt à plonger au cœur des négociations. Dès le début, vous devez vous concentrer sur deux sujets préliminaires traités dans ce chapitre : apprendre à connaître personnellement l'autre partie et développer votre pouvoir.

CONSTRUIRE DES RELATIONS EN APPRENANT À CONNAÎTRE PERSONNELLEMENT L'AUTRE PARTIE

La vieille chanson « Getting to Know You »[1] de la comédie musicale *Le Roi et moi* devrait être la musique officielle des négociateurs, comme je m'en suis moi-même rendu compte lors d'une négociation internationale. En tant que doyen associé de la Ross School of Business de l'Université du Michigan, je voulais ouvrir un centre pour nos cursus de formation des cadres en Europe, suite au succès d'un centre similaire à Hong Kong.

J'ai appris qu'une nouvelle université française était en construction à Paris et j'espérais que l'école accepterait de nous louer des locaux pour notre centre. J'ai donc programmé une demi-journée de négociations avec le président de la nouvelle université et le

---

[1] Apprendre à te connaître

doyen de son école de commerce. J'avais prévu que la négociation serait ardue à cause des prix de l'immobilier si élevés à Paris.

Je me suis envolé pour Paris avec deux membres de la faculté en vue de la réunion. Le soir précédant les négociations, le président et le doyen nous ont invités à dîner dans un restaurant pittoresque de la Rive Gauche. Au cours du dîner qui fut long et détendu, nous avons appris que la thèse qu'avait soutenue le président dans le cadre de son doctorat portait sur le poète anglais William Blake. Il s'avérait que l'un des membres de la faculté du Michigan était un inconditionnel de William Blake, et ils passèrent la soirée à louer ensemble les mérites de sa poésie.

Par chance, les négociations du matin suivant ne prirent que trente minutes au lieu d'une demi-journée et l'université nous octroya un accord immobilier bien plus intéressant que nous ne l'avions escompté. Je le dois à William Blake et au rapport que nous avons développé la veille des négociations. En bref, ils nous faisaient confiance.

« Getting to Know You » est davantage valorisé dans certaines cultures que dans d'autres. Par exemple, en Chine, développer une relation avec quelqu'un en qui vous avez confiance est bien plus important que négocier un contrat légal à rallonge. D'après l'éminent homme d'affaires Sir Paul Judge, c'est en partie parce que « les tribunaux en Chine sont très lents en matière de procédures, et il est donc vraisemblablement plus important qu'en Occident de connaître la personne ». (« Blending Confucius with Aristotle », *China Daily*, 13 juin 2014)

Dans certaines cultures occidentales, comme aux États-Unis, les négociateurs veulent souvent entamer immédiatement les négociations d'affaires et n'ont pas envie de prendre le temps d'apprendre à connaître l'autre partie. Bien sûr, cette caractéristique n'est pas limitée aux négociateurs américains (et n'oubliez pas, comme nous l'avons vu dans nos discussions du chapitre 2 sur les négociations interculturelles, qu'il existe de nombreuses variations au sein d'une même culture).

Par exemple, une avocate de Singapour dans ma formation des cadres m'a raconté une histoire sur les négociations de libre-échange. Elle faisait partie d'une équipe de Singapouriens choisie pour négocier un accord de libre-échange en Inde. Les Singapouriens essayèrent d'ouvrir directement leurs agendas sans chercher à passer du temps pour apprendre à connaître leurs homologues indiens. Suite à cela, les négociations échouèrent. Mais après avoir été formés chez eux aux négociations interculturelles par l'ancien ambassadeur de Singapour en Inde, ils retournèrent en Inde et leur accord fut couronné de succès.

Apprendre à connaître l'autre partie autour d'un repas peut comporter de nombreux avantages annexes. Des recherches menées par Lakshmi Balachandra, de Babson, indiquent que les négociateurs qui mangent ensemble produisent de meilleurs résultats. Remarquant qu'« en Russie et au Japon, d'importants accords commerciaux sont menés presque exclusivement autour d'un repas et d'un verre, de même qu'aux États-Unis de nombreuses négociations commencent par "allons déjeuner" », elle a développé deux expériences pour déterminer si dîner pendant les négociations produisait de meilleurs résultats. Sa conclusion : les négociateurs qui mangeaient tout en négociant « ont créé des profits substantiellement plus élevés que ceux qui négociaient sans dîner ». (http://blogs.hbr.org/2013/01/should-you-eat-while-you-negot/)

Apprendre à connaître l'autre partie à l'ère numérique pose des défis tout particuliers. D'abord, certains experts ont conclu que dans notre monde connecté, la conversation a tendance à devenir un art en perte de vitesse. Les citations suivantes sont tirées d'un article du *Wall Street Journal* et portent sur le développement de l'intelligence conversationnelle. Si elles ne sont pas basées sur des recherches scientifiques, elles offrent néanmoins des conseils utiles quand vous tentez de converser avec l'autre partie avant une négociation.

- [S]oyez attentif à ne pas trop parler. Cela signifie que vous devez éviter vos sujets favoris…

- Posez beaucoup de questions. Les gens adorent parler d'eux et penseront souvent que vous êtes très doué pour la conversation si vous parlez d'eux…

- L'écoute est cruciale. Dan Nainan, 32 ans, comédien de Manhattan, apprend comment résumer ce que dit l'autre personne : («Alors vous pensez que…» ou « Donc vous dites que…») « Une conversation peut continuer indéfiniment si vous procédez ainsi », affirme-t-il.

(« How to Be a Better Conversationalist », *Wall Street Journal*, 12 août 2013)

Un autre défi relève du fait que les négociations elles-mêmes se tiennent de plus en plus en ligne. Par conséquent, il est plus difficile de créer un lien avec l'autre partie. C'est regrettable, car les recherches en imagerie cérébrale qu'a menées le docteur Srini Pillay de la Harvard Medical School montrent que notre activité neuronale lors d'un « dialogue en face à face […] crée une synchronie du cerveau qui entraîne une impression de connexion ». (*Entrepreneur*, août 2014) Par ailleurs, des études conduites par des chercheurs de Harvard et de l'Université de Chicago ont révélé qu'une poignée de main au début des négociations favorise la coopération entre les négociateurs et réduit les mensonges. (*Handshaking Promotes Cooperative Dealmaking*, Schroeder *et al.*)

Lorsque les interactions en face à face sont impossibles, il existe une approche alternative. Les négociateurs qui bavardent au téléphone avec leurs homologues pendant cinq minutes avant de poursuivre leurs négociations par email « ont plus de quatre fois plus de chances de conclure un marché » que les négociateurs qui ne s'engagent pas dans ces petites conversations, d'après la recherche menée par Janice Nadler de la Northwestern Law School. (*Negotiation*, mars 2007)

À retenir. Avant de vous lancer dans une négociation, apprenez à connaître l'autre partie personnellement. Cette stratégie est importante, même lorsque les négociations se font en ligne.

DÉVELOPPEZ VOTRE POUVOIR

Il existe deux sources de pouvoir en négociation. D'abord, l'information générale est une importante source de pouvoir. Ensuite, les informations spécifiques sur votre MESORE et celle de l'autre partie (meilleure solution de rechange) peuvent être employées pour augmenter votre pouvoir et affaiblir le pouvoir adverse.

Rassemblez des informations générales sur l'autre partie

J'ai remarqué que de nombreux chefs d'entreprise et étudiants commencent mon cours en pensant que leur objectif en négociation est de persuader l'autre partie de leur donner ce qu'ils veulent. Ils ne tardent pas à apprendre que le succès en négociation dépend davantage des questions que l'on pose pour recueillir des informations que de la persuasion.

Pour reprendre ce que disait l'éminent professeur de la chaire Wharton, Richard Shell, dans son livre *Bargaining for Advantage*, « la recherche sur ce qui fait l'efficacité de la négociation sous-estime trop souvent un élément simple à propos des négociateurs doués : ils se concentrent plus que la moyenne des négociateurs sur le fait de *recevoir*, par opposition à celui de donner, des informations ». Joel Kahn, mon feu collègue et partenaire d'enseignement à l'Université du Michigan, l'exprimait encore plus simplement lorsqu'il rappelait à ses étudiants que Dieu ne nous avait pas donné deux oreilles et une bouche sans raison.

Pour « recevoir » des informations, les négociateurs doivent non seulement poser des questions ; mais ils doivent écouter attentivement les réponses. La capacité d'écoute fait la différence entre les négociateurs de talent et les négociateurs moyens, et c'est aussi une excellente qualité pour les dirigeants. J'ai travaillé pendant plusieurs années pour une grande société internationale de conseil. Lors d'un déjeuner, j'ai posé un jour cette question à l'un des dirigeants de la société : « Vous avez travaillé avec des chefs d'entreprise du monde entier. Comment se fait-il que certains individus très talentueux atterrissent à des postes de cadres moyens, tandis que d'autres passent à des postes de direction ? »

Sans hésiter, il m'a répondu que ceux qui devenaient dirigeants possédaient deux atouts essentiels. D'abord, ils avaient une solide connaissance conceptuelle de leurs affaires. Ensuite, ils avaient la capacité « d'entendre ». Il voulait parler de la capacité à écouter. Des signes prouvent que, tandis que les sociétés deviennent plus lisses et concises, la capacité à écouter devient de plus en plus importante. Comme le célèbre expert en management, Peter Drucker, l'exprime : « Le dirigeant du passé savait comment expliquer, le dirigeant du futur saura comment demander. » (Goldsmith, *Five Global Leadership Factors*)

Malheureusement, les résultats des études sur l'activité cérébrale montrent que la moitié de la population mondiale éprouve des difficultés biologiques à développer les capacités d'écoute qui sont pourtant si importantes en négociation et en leadership. Tout particulièrement, les hommes ne sont capables d'écouter qu'avec la moitié de leur cerveau. Les femmes s'en sont sans doute rendu compte bien avant les études scientifiques ! (« Study Confirms What Women Know: Men Listen Less », *Los Angeles Times*, 29 novembre 2000)

Stratégies de pouvoir liées à la MESORE

Lorsque vous interrogez votre vis-à-vis au cours de vos négociations, une information en particulier peut s'avérer très précieuse

— sa MESORE. La possibilité de renoncer à une négociation car il existe une meilleure solution alternative vous donne, à vous comme à la partie adverse, une meilleure source de pouvoir. On en déduit trois stratégies liées à la MESORE.

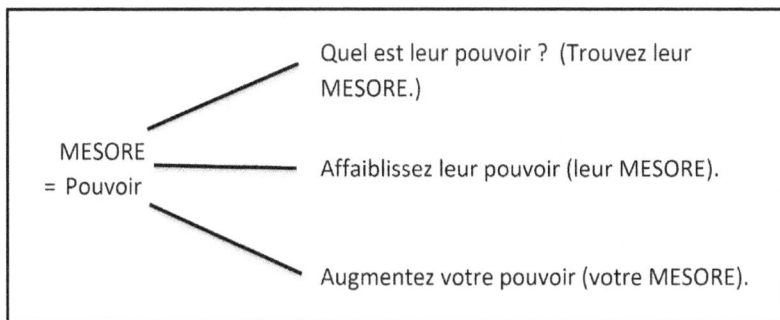

```
                              Quel est leur pouvoir ? (Trouvez leur
                              MESORE.)

  MESORE
                              Affaiblissez leur pouvoir (leur MESORE).
  = Pouvoir

                              Augmentez votre pouvoir (votre MESORE).
```

D'abord, posez à l'autre partie des questions sur ses alternatives pour tenter de découvrir sa MESORE et déterminer l'amplitude de son pouvoir. Mais n'oubliez pas qu'elle peut tout à fait vous poser les mêmes questions. Révélerez-vous votre MESORE ou tenterez-vous de la cacher ? La réponse dépend bien sûr de la force de votre meilleure solution de rechange. Si elle est solide, vous serez sans doute ravi de la montrer ; si elle est faible, vous essaierez de garder votre MESORE pour vous.

Par exemple, j'habite près de Détroit, Michigan, un centre de l'industrie automobile. Si je travaille pour un important fabricant et que vous êtes l'un des fournisseurs avec lesquels je suis en train de négocier, je vous dévoilerai sans doute ma MESORE avant même de vous saluer. Par exemple, je vous dirai que si vous ne vous alignez pas sur mes conditions, j'irai voir l'un des autres fournisseurs qui font la queue devant notre salle de réunion.

Votre deuxième stratégie liée à la MESORE est d'essayer d'affaiblir le pouvoir de l'autre partie en changeant la perception de sa MESORE. Quand je commence à évoquer la possibilité de m'adresser à un autre fournisseur, vous devriez mettre l'accent sur la qualité de vos produits, votre historique de livraisons ponctuelles, votre volonté de longue date de travailler avec mes clients, nos efforts conjoints pour développer de nouveaux produits, et ainsi de suite. Après cette discussion, passer à un autre fournisseur ne me semblera peut-être pas aussi intéressant que je ne le pensais.

Votre troisième stratégie associée à la MESORE est d'augmenter votre pouvoir en la renforçant. Vous appuyez-vous un peu trop sur vos échanges avec ma société automobile ? Pouvez-vous augmenter votre partenariat avec d'autres sociétés ? Pouvez-vous développer de nouveaux secteurs d'activité en dehors de l'industrie automobile ? Comme le formule un cadre supérieur : « Vous ne devez jamais passer un accord sans en parler autour de vous. Jamais.» (« AOL's Rough Riders », *The Standard*, 30 octobre 2000)

Négociation d'entente. Lorsque plusieurs parties sont impliquées dans une négociation, la stratégie de pouvoir peut devenir plus complexe. Par exemple, l'un de mes amis, appelons-le Joe, était impliqué dans des négociations avec deux autres individus — appelons-les Cynthia et Sadie — sur la mise en place d'une affaire pour gérer un centre de tennis. Partons du principe que Cynthia était une joueuse de tennis à la retraite célèbre dans le pays. Disons également que Sadie était une sommité dans la communauté du tennis parmi laquelle le centre serait basé, et que Joe était un professeur de tennis local moins connu.

Les trois entrepreneurs prévoyaient de contribuer à parts égales dans le capital, et aucun d'eux ne travaillerait pour le centre de tennis. Ils espéraient que la célébrité de Cynthia leur rapporterait la moitié de leurs revenus, que la renommée locale de Sadie ferait entrer 30 % des revenus et que les 20 % des revenus restants viendraient des contacts de Joe. Imaginons qu'ils avaient besoin d'au moins deux partenaires sur trois pour monter leur affaire.

Au cours de négociations de ce type, les calculs de MESORE sont difficiles, voire impossibles, à cause du nombre trop important d'autres éventualités. Par exemple, Cynthia et Sadie pourraient former un partenariat qui rapporterait 80 % des revenus totaux, mais Cynthia pourrait devenir gourmande et demander plus que ce montant. Sadie pourrait aussi bien s'associer avec Joe et se servir une large part de leurs 50 % de revenus, mais Cynthia pourrait alors proposer à Joe une meilleure offre, et ainsi de suite.

Étant donné l'instabilité que les nombreuses combinaisons possibles entraînent, calculer une MESORE devient irréaliste. Le pouvoir pourra se développer, en revanche, sur la confiance entre les parties ou sur le respect de certains principes. En tant que partie la plus faible, par exemple, Joe devrait mettre l'accent sur l'importance de l'égalité et de l'équité entre les partenaires, qui pourrait se traduire en une division des revenus à parts égales.

À retenir. L'information est une importante source de pouvoir dans une négociation, surtout l'information portant sur la MESORE de l'autre partie. Votre stratégie est de découvrir et d'affaiblir la meilleure offre de la partie adverse tout en améliorant la vôtre.

6 Comprendre le rôle des intermédiaires dans une négociation

Bien souvent dans les négociations, surtout dans le cadre des affaires, l'autre partie sera représentée par un intermédiaire. Parce que le recours à ces agents est très courant dans le monde des affaires, vous devez avoir une certaine connaissance des relations intermédiaires. Par nature, un intermédiaire crée un triangle éternel qui implique un délégant, un intermédiaire et une tierce partie. Par exemple, les employés sont des intermédiaires qui négocient avec des tierces parties pour le compte d'une société (le délégant).

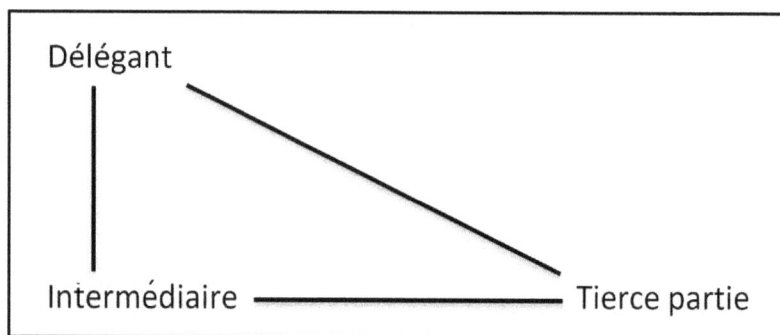

Délégant

Intermédiaire ———————————— Tierce partie

Ce chapitre se concentre essentiellement sur les négociations du point de vue d'une tierce partie (vous) négociant avec un intermédiaire qui agit pour le compte d'un délégant. Mais avant d'aborder ce sujet essentiel, posons-nous au préalable une question différente. Sur quels facteurs devez-vous vous appuyer, en tant que délégant, pour décider d'employer ou non un intermédiaire dans vos négociations ?

Cinq facteurs pour déterminer s'il vous faut un intermédiaire

Deux de mes anciens étudiants sont devenus agents sportifs. L'un représentait Chris Webber, diplômé de l'Université du Michigan, lorsqu'il a signé un contrat avec une équipe de la National Basketball Association (NBA). L'autre ancien étudiant, l'un des agents les plus renommés de son domaine, représente Kobe Bryant ainsi que dix-sept autres joueurs de la NBA.

Imaginez que vous êtes une star de basketball universitaire prête à entamer votre carrière professionnelle. Devez-vous négocier par le biais d'un intermédiaire tel que ces anciens étudiants ? Il y a cinq facteurs clés à prendre en compte — les mêmes facteurs qui importent lorsque vous décidez de négocier un marché commercial ou un procès par l'intermédiaire d'un agent.

Qui est le meilleur négociateur — vous ou l'agent ? Pour répondre à cette question, vous devez faire une analyse coûts-bénéfices en comparant les avantages que vous apportera le négociateur le plus talentueux avec la compensation que l'intermédiaire recevra.

L'intermédiaire a-t-il une expérience sur les questions qui seront soulevées au cours de la négociation ? Si vous négociez un contrat avec la NBA, vous n'avez sans doute pas envie que ce soit un agent immobilier qui vous représente.

La négociation comprend-elle une partie technique qui requiert une expertise spéciale ? Si vous négociez avec un preneur de licence intéressé par votre technologie, vous embaucherez sans doute quelqu'un dont l'expertise relève de la propriété intellectuelle. Si la négociation implique des questions juridiques complexes, vous devrez sans doute négocier par l'intermédiaire d'un avocat.

De combien de temps disposez-vous pour la négociation et quels sont les coûts de substitution ? Si vous possédez ou gérez une affaire, vous emploierez sans doute mieux votre temps en développant des produits et des services pour vos clients.

Quelle est votre relation avec l'autre partie ? Si vous négociez la résolution d'un conflit, il est souvent logique d'engager des intermédiaires qui ne sont pas impliqués personnellement et sont capables de prendre de la distance avec le conflit.

L'autorité des intermédiaires : une question à clarifier

Lorsque vous êtes une tierce partie qui doit négocier avec un intermédiaire, vous devez répondre à une question fondamentale dès le début de la négociation : l'intermédiaire a-t-il l'autorité pour passer un accord pour le compte du délégant ? Si la réponse est non, alors la négociation est souvent une perte de temps. Cette question est compliquée par le fait qu'il existe trois types d'autorités que l'intermédiaire est susceptible de posséder : l'autorité expresse, l'autorité implicite et l'autorité apparente.

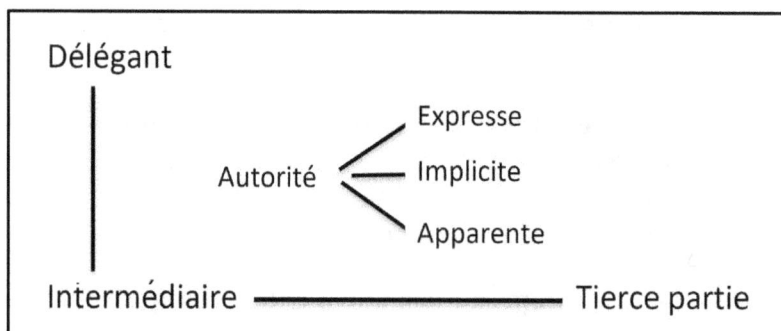

Autorité expresse. L'autorité expresse est facile à analyser. Le délégant a-t-il expressément autorisé l'intermédiaire à négocier le contrat ? Si tel est le cas, alors l'intermédiaire a autorité. Par exemple, les sociétés donnent généralement à certains employésintermédiaires l'autorité d'utiliser leurs comptes courants. Si un intermédiaire (disons le comptable d'une société) détourne des fonds en remplissant des chèques pour son compte, c'est la société (et non la banque) qui assume la perte, à cause de l'autorité expresse accordée à l'agent.

Autorité implicite. Le deuxième type d'autorité, l'autorité implicite, est un peu plus complexe. Même lorsqu'elle n'est pas expressément formulée par le délégant, les agents ont l'autorité implicite de remplir les tâches normales associées à leur position. Par exemple, un gérant embauché par une entreprise a l'autorité implicite d'acheter des équipements, d'engager et de renvoyer les employés, de payer les factures de la société, etc.

Autorité apparente. Le troisième type d'autorité, l'autorité apparente, est encore plus subtil. L'autorité apparente intervient dans des situations où, bien que l'intermédiaire n'ait pas de réelle autorité, les actions du délégant induisent la tierce partie en erreur, lui faisant croire que cette autorité existe.

Par exemple, disons que vous dirigez une société qui a passé un contrat de plusieurs années avec un groupe de fournisseurs. Vous vendez à un acheteur l'affaire, son nom commercial ainsi que la liste de fournisseurs. L'acheteur commande immédiatement des articles à l'un des fournisseurs, mais ne paie pas. Êtes-vous responsable ? Vous n'avez pas donné autorité expresse à l'acheteur et il n'y a aucune preuve d'autorité implicite, car vous n'avez pas embauché l'acheteur. Toutefois, il existe une autorité apparente basée sur vos anciens marchés avec les fournisseurs. Vous auriez dû les prévenir lorsque vous avez vendu la société.

L'autorité apparente peut compliquer la stratégie de négociation. Disons que vous engagez une intermédiaire pour acheter des équipements auprès d'un fabricant. Vous donnez à l'intermédiaire une lettre d'autorisation, qu'elle présente au fabricant. En privé, vous donnez à votre intermédiaire un prix de réserve — par exemple, vous lui demandez de ne pas payer plus de 90 000 dollars pour les équipements. Si l'intermédiaire achète alors l'équipement pour 100 000 $, êtes-vous responsable sur le contrat ? Oui, parce que l'intermédiaire a l'autorité apparente grâce à sa lettre d'autorisation. Cette autorité existe, même si l'intermédiaire n'a pas réellement autorité pour réaliser un achat supérieur à 90 000 $.

Déterminez si l'autorité existe. Il est fondamental de décider si votre vis-à-vis lors d'une négociation a autorité, mais comment déterminer si cette autorité existe ? Pour illustrer la réponse à cette question importante, supposez que vous travaillez comme agent de prêt dans une banque. Brett négocie avec vous pour emprunter 25 000 $ à des fins personnelles.

D'après la politique de la banque, Brett doit fournir une sécurité au cas où le prêt ne serait pas remboursé. Brett travaille pour une société prospère et le directeur général de la société accepte de lui signer une garantie de prêt au nom de l'entreprise. La garantie stipule que « cette garantie est signée par un agent détenteur du droit légal de lier la société grâce à l'autorisation de son Conseil d'administration ».

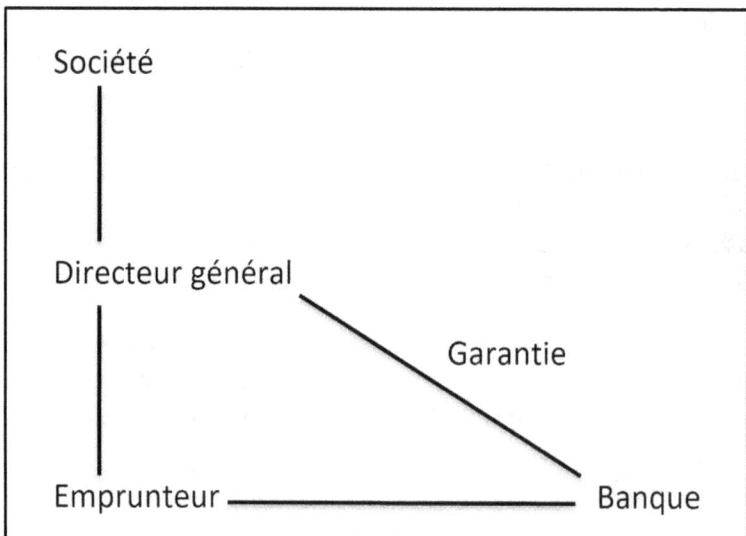

Société

|

Directeur général

Garantie

|

Emprunteur ————————— Banque

Mettons que vous soyez familier avec la société et sachiez qu'elle est économiquement sûre, accorderiez-vous le prêt ? Dans une affaire du Michigan, *In re Union City Milk Co.* (46 N.W.2d 361), une banque a appris une leçon douloureuse en accordant un tel prêt. Quand l'emprunteur n'a pas remboursé le prêt, la banque a poursuivi la société au motif de la garantie.

Le tribunal a décidé que la société n'était pas responsable. La société n'avait donné aucune autorité expresse au directeur pour garantir le prêt personnel de l'employé et il n'y avait aucune autorité implicite car la capacité de garantir des prêts personnels ne fait pas partie des responsabilités normales d'un directeur. La perte est donc retombée sur la banque.

Où l'agent de prêt (qui s'est sans doute retrouvé sans emploi par la suite) a-t-il fait fausse route ? L'employé de banque a fait du bon travail en obtenant une garantie par écrit qui affirmait que le directeur avait l'autorité nécessaire pour se porter garant. Le problème, c'est que c'est la mauvaise personne — l'agent intermédiaire — qui a déclaré cette autorité. Le message important ici est le suivant : lorsque vous négociez un accord, ne demandez jamais à un intermédiaire s'il a l'autorité adéquate. À la place, posez toujours cette question au délégant (en l'occurrence, le Conseil d'administration de la société).

Les agents secrets. Il se peut que vous négociez parfois avec un intermédiaire sans en avoir conscience. Les sociétés utilisent des agents secrets pour de nombreuses raisons, et bien qu'il puisse y avoir des exceptions selon les lois locales, vous êtes lié par les contrats que vous négociez avec eux.

Par exemple, Walt Disney a construit Disneyland à Los Angeles sur une parcelle immobilière relativement petite qui s'est bientôt retrouvée enclavée entre les commerces environnants. Lorsque Disney a ensuite planifié l'ouverture de Disney World en Floride, il a décidé d'acheter une propriété bien plus grande. Mais il avait conscience que si les propriétaires savaient que c'était lui qui achetait leurs propriétés, les prix s'envoleraient.

Pour maintenir des prix bas, il a engagé des intermédiaires secrets pour faire l'acquisition du terrain. En fin de compte, il a amassé plus de 11 000 hectares, soit « environ deux fois la taille de Manhattan, la même taille que San Francisco […] Une fois que l'on sut que c'était Disney, les prix passèrent de 183 $ le demi-hectare à près de 1000 $ du jour au lendemain. Mais Walt avait déjà acheté tout son terrain… » (http://www.mouseplanet.com/)

Pour ne rien arranger, il arrive parfois que la personne avec laquelle vous négociez joue un double rôle en tant qu'intermédiaire et délégant. L'un de mes amis est un excellent négociateur renommé dans le métier. Il m'a raconté l'histoire de ses négociations lors du rachat d'une société qu'il fit auprès de son propriétaire. Ils avaient rendez-vous dans la belle maison du propriétaire, dans la Forêt-Noire en Allemagne. Mon ami s'était beaucoup renseigné sur la société lors de sa préparation des négociations. Ensemble, ils passèrent en revue les conditions de l'accord tout en se délectant de pâtisseries servies par une gouvernante.

Enfin, mon ami demanda au propriétaire si les conditions lui convenaient. Il remarqua alors que le propriétaire regardait du coin de l'œil sa gouvernante en arrière-plan qui faisait « non » de la tête. Mon ami réalisa soudain que c'était elle qui avait l'autorité qu'il avait négligée lors de sa préparation pour les négociations.

Il apprit plus tard que la gouvernante était la maîtresse de longue date du propriétaire et qu'elle allait recevoir un important pourcentage du prix de vente ! Ainsi, le propriétaire négociait pour son compte autant que pour le sien propre. La bonne nouvelle, c'est que mon ami a fini par faire l'acquisition de la société — en apprenant, au passage, une précieuse leçon sur les délégants cachés qu'il faut toujours prendre soin d'identifier.

À retenir. Posez-vous cinq questions déterminantes lorsque vous décidez s'il convient de faire appel à un intermédiaire pour vos négociations. Au début des négociations, demandez-vous si l'intermédiaire a l'autorité nécessaire pour passer un accord en posant directement la question au délégant (plutôt qu'à l'intermédiaire).

7 Les outils psychologiques à employer — et les pièges psychologiques à éviter

Ce chapitre traite des outils psychologiques à votre disposition lors des négociations, qui sont également des pièges à éviter lorsqu'ils sont employés par la partie adverse. Ces outils sont particulièrement importants, car au-delà des négociations, ils sont utiles dans la prise de décision financière et de direction.

Le chapitre cite plusieurs livres qui sont conseillés si vous voulez approfondir le sujet. Le meilleur de ces ouvrages, que je vous recommande chaudement, est *Judgment in Managerial Decision Making* de Bazerman et Moore. Parmi les autres livres recommandés cités dans ce chapitre :

- *Decision Traps* de Russo et Schoemaker,

- *Influence: The Psychology of Persuasion* de Cialdini,

- *Negotiating Rationally* de Bazerman et Neale.

Comme Bazerman et Moore le soulignent, il existe deux types principaux de recherche sur la prise de décision. Un type — la prise de décision prescriptive — se concentre sur la manière dont il convient de prendre des décisions. L'analyse de l'arbre de décision dont nous avons parlé au chapitre 3 en est un bon exemple. Avec cette approche, vous pouvez clarifier votre prise de décision en traçant une image des éventualités sous la forme d'un arbre, en attribuant des probabilités et en calculant une valeur attendue.

L'autre type de recherche sur la prise de décision — la prise de décision descriptive — se penche sur la manière dont les humains prennent leurs décisions. Comme l'ont remarqué Bazerman et Moore, nous nous basons, dans la prise de décision, sur des règles pratiques également appelées heuristiques. En voici un exemple, semblable à l'un de ceux qu'ils présentent dans leur ouvrage. Supposez que votre société ait besoin d'un analyste financier. Vous avez décidé de ne recruter que dans les dix meilleurs programmes de MBA. C'est votre heuristique.

Comment pouvez-vous critiquer cette heuristique ? Sans cette heuristique, vous pourriez découvrir que le meilleur candidat pour votre poste ne fait pas partie de l'une des dix meilleures écoles. Pour de multiples raisons financières et personnelles, de nombreux individus de talent ne vont pas dans des écoles bien classées. Et vous pourriez embaucher cette personne à un salaire inférieur à celui qu'un étudiant d'école prestigieuse demanderait. Comment défendez-vous cette heuristique ? Avec le temps, vous trouverez sans doute de meilleurs candidats dans les meilleures écoles. Et en limitant le nombre d'écoles, vous réduisez vos trajets et autres coûts de recherche.

L'analyse coûts-avantages employée pour développer une heuristique de ce type peut vous aider à naviguer dans un monde complexe et incertain. La bonne nouvelle, comme Bazerman et Moore le soulignent, c'est que l'heuristique est utile. Toutefois, parce que l'heuristique peut aussi conduire à de graves erreurs, il est important que les négociateurs et autres décideurs la comprennent.

Maintenant, penchons-nous sur neuf outils ou conseils que vous pouvez utiliser dans vos négociations futures. Ils sont basés sur des recherches à propos de la prise de décision descriptive, dont une partie se base sur des principes liés à notre utilisation de l'heuristique.

1. Ne vous basez pas sur un gâteau fixe

Nous vivons dans un monde compétitif à l'image des événements sportifs. Certains remportent le Masters de golf ; d'autres perdent. Certains gagnent le tournoi de Wimbledon ; d'autres perdent. Une équipe remporte la Coupe du Monde ; les autres perdent.

Ce sens de la compétition se retrouve dans les négociations si l'on considère que l'on concourt pour des parts de gâteau fixes et qu'il ne peut y avoir qu'un gagnant et un perdant. Comme Bazerman et Moore le remarquent, l'hypothèse selon laquelle le gâteau est fixe est un préjugé fondamental qui altère le comportement du négociateur : « Lorsqu'ils négocient sur un sujet, ils partent du principe que leurs intérêts sont nécessairement et *directement* en conflit avec les intérêts de l'autre partie. »

Une fois que vous admettez ce préjugé, votre défi est de vous demander si les intérêts de la partie adverse sont vraiment en conflit avec les vôtres. En menant une analyse des intérêts qui liste côte à côte vos intérêts et ceux de l'autre partie, vous serez en mesure de trouver des intérêts qui n'entrent pas en conflit. Par exemple, nous avons abordé dans le chapitre 2 une négociation simple autour d'une pizza gastronomique aux anchois. Chaque partie voulait la pizza. C'était leur position. La pizza était la part de gâteau fixe — au propre comme au figuré.

Cependant, quels étaient les intérêts de chaque partie et ces intérêts étaient-ils « directement en conflit » ? Quand nous leur avons demandé pourquoi ils voulaient la pizza, ils ont découvert que l'intérêt de l'une des parties était la croûte et que celui de l'autre partie était le centre de la pizza — tout sauf la croûte. En reconnaissant que l'hypothèse selon laquelle le gâteau était un mythe dans le cadre de cette négociation, ils ont pu développer une solution qui satisfaisait leurs intérêts.

Dévaluation réactive. Il faut donc s'efforcer de dépasser l'idée mythique du gâteau fixe, que les chercheurs appellent « dévaluation réactive ». Dans une négociation, si l'autre partie fait une proposition, nous y réagissons en la dévaluant sans prendre ses avantages en compte, pour la seule raison qu'elle émane de l'autre partie.

Dans une étude menée par Stillinger *et al.*, par exemple, les chercheurs ont soumis une proposition de réduction de l'armement à des individus américains en leur disant qu'elle avait été avancée par le président Reagan. Quatre-vingt-dix pour cent pensaient que cette décision était neutre ou favorable aux États-Unis. Lorsque les chercheurs ont émis la même proposition à d'autres individus en leur disant qu'elle venait de Gorbachev, président de Russie, les résultats sont tombés à 44 %. Pour un résumé de cette recherche sur la dévaluation réactive, consultez : http://en.wikipedia.org/wiki/Reactive_devaluation, où d'autres études sont mentionnées.

Je constate l'impact de la dévaluation réactive dans mes cours. Je donne à mes étudiants un exercice qui implique un contentieux entre leur employeur, une société qui commercialise une suite logicielle, et son preneur de licence. Lorsque ce dernier propose un accord raisonnable, la majeure partie des étudiants rejettent l'offre, car ils pensent qu'elle doit indiquer que le preneur de licence a de faibles arguments. En se concentrant sur la source de la proposition, le preneur de licence, plutôt que sur le contenu de l'offre, ils ratent une occasion de négocier un accord qui éviterait d'importantes dépenses en contentieux.

2. Évaluez votre ancrage lorsque vous développez une stratégie de première offre

Comme l'ont remarqué Bazerman et Neale, ainsi que d'autres chercheurs, les humains ont tendance à se baser sur une valeur initiale lorsqu'ils estiment la valeur d'éléments incertains. Par exemple, essayez cette expérience développée par Russo et Schoemaker. Ajoutez 400 aux trois derniers chiffres de votre numéro de téléphone et écrivez le total.

Maintenant, réfléchissez à ceci : Attila le Hun était l'un des con-
quérants les plus redoutés de l'histoire du monde. Il finit par être
vaincu au cours de notre ère (c'est-à-dire après J.-C.). A-t-il été
vaincu avant ou après le nombre que vous avez écrit ? Une fois
que vous aurez écrit « avant » ou « après », inscrivez l'année à
laquelle vous pensez qu'Attila le Hun fut vaincu.

Quand je propose cette expérience en classe, les résultats correspondent à ce qui suit :

3 derniers chiffres du numéro de téléphone + 400	Date de la défaite d'Attila le Hun
400–599	580
600–799	670
800–999	920
1000–1199	1210
1200–1399	1340

Si vous êtes un scientifique et observez ces résultats, qu'en con-
cluez-vous ? Les nombres choisis comme date de défaite sur la
droite sont en réalité influencés par les nombres sur la gauche.
Quand les nombres sur la gauche augmentent, les nombres de
droite suivent le même chemin.

Quel rapport y a-t-il entre les numéros de téléphone et Attila le
Hun ? Il n'y en a aucun. Parce que mes étudiants ne connaissent
pas la date de sa défaite, ils se sont basés sur le seul nombre disponible — les trois derniers chiffres de leur numéro additionnés de
400. (Pour information, Attila le Hun fut vaincu en 451 ap. J.-C.).

Cet ancrage a un effet puissant, même sur les experts d'un domaine particulier. Par exemple, les chercheurs ont donné à un

groupe de médecins la description d'un patient susceptible d'avoir une maladie au poumon. On a demandé aux médecins de déclarer si les probabilités que cette personne ait bel et bien la maladie étaient supérieures ou inférieures à 1 %. Puis on leur a demandé d'estimer les probabilités que ce patient soit atteint de cette maladie.

Les chercheurs ont ensuite présenté le même cas à un autre groupe de médecins en leur demandant si les probabilités que le patient soit malade étaient supérieures ou inférieures à 90 %. Ces docteurs ont ensuite estimé les probabilités que la personne ait cette maladie du poumon.

Le premier groupe de médecins a basé son ancrage sur la probabilité aléatoire basse qu'on leur avait donnée (1 %) ; le deuxième groupe s'est basé sur la probabilité aléatoire haute (90 %). Par conséquent, lorsqu'ils ont estimé les probabilités que le patient soit malade du poumon, l'estimation du deuxième groupe était en moyenne 29 % plus haute que celle du premier groupe. (Brewer *et al.*, *The Influence of Irrelevant Anchors on the Judgments and Choices of Doctors and Patients*)

Stratégie de la première offre. Comment l'ancrage affecte-t-il les négociations ? On se pose souvent une question cruciale : Qui devrait faire la première offre ? J'ai posé cette question à des chefs d'entreprise du monde entier et le résultat est généralement le même : toujours laisser l'autre côté faire la première offre.

Ils appuient souvent leur réponse sur leur propre expérience. Un chef d'entreprise en retraite, par exemple, m'a récemment parlé d'une négociation immobilière dans laquelle il s'attendait à payer environ 300 000 $ pour un bien. Pourtant, il a payé une somme considérablement plus basse lorsque l'autre partie a demandé un prix de 35 000 $.

D'ailleurs, quand l'autre partie fait une offre d'ouverture étonnamment favorable, n'acceptez pas immédiatement si vous ne souhaitez pas que votre vis-à-vis se sente mal à l'aise. Un ami m'a raconté l'histoire d'un cadre supérieur de sa société qui était en conflit avec un nouveau PDG. Le nouveau PDG, qui voulait se débarrasser de lui, lui demanda : « Que demanderiez-vous pour prendre votre retraite ? » Le cadre supérieur lui donna aussitôt un montant très élevé, que le PDG accepta sur-le-champ. Le cadre éprouva alors des regrets en se demandant si le chiffre qu'il pensait pourtant trop gonflé n'était pas en réalité trop bas !

Comment le bon sens — toujours laisser l'autre partie proposer le premier montant — se rapporte-t-il à la théorie de l'ancrage ? L'ancrage suggère que vous proposiez le premier chiffre afin que l'autre partie s'ancre dessus.

Qui a raison — les cadres expérimentés qui invoquent la sagesse conventionnelle (laisser l'autre partie faire la première offre) ou les partisans de l'ancrage ? La réponse est compliquée et difficile à généraliser. Par exemple, des recherches menées par mon collègue de l'Université du Michigan, Shirli Kopelman, et ses collaborateurs, indiquent que les négociateurs qui font la première offre sont mieux placés d'un point de vue économique, mais sont moins satisfaits des résultats car ils ressentent plus d'angoisse. (« Resolving the First-Offer Dilemma », *Negotiation*, juillet 2007)

Étant donné la complexité de la question, voici une règle pratique que je vous recommande. Suivez la sagesse conventionnelle lorsque la valeur du bien vendu est incertaine. En demandant à l'autre partie de proposer le premier chiffre, vous recueillez des informations sur la valeur de l'objet. (Bien sûr, ce faisant, essayez d'éviter d'être piégé par l'ancre de l'autre partie.) D'un autre côté, si vous êtes plutôt certain de la valeur de l'objet, vous devriez ignorer la sagesse conventionnelle et essayer d'ancrer l'autre partie sur votre chiffre.

Que faire si vous vous retrouvez dans une impasse car vous avez décidé de demander à l'autre partie de proposer le premier chiffre, mais qu'elle veut d'abord le vôtre ? Vous pouvez essayer un échange d'informations. Les avocats utilisent cette approche lors des négociations dans le cadre d'un procès. Par exemple, le sociologue Herbert Kritzer a remarqué un schéma où « les discussions concernant les dommages peuvent être moins une série d'offres et de contre-offres et davantage un procédé d'échange d'informations ». (*Let's Make a Deal*)

3. Évitez l'excès de confiance

Comme Bazerman et Moore l'ont souligné, l'excès de confiance, comme l'ancrage, est le résultat de notre emploi de l'heuristique. Essentiellement, nous avons trop tendance à croire que nos décisions sont correctes. Essayez le test suivant pour déterminer si vous péchez par excès de confiance. Pour chacune des questions suivantes, inscrivez une fourchette dans laquelle vous êtes à 90 % certain que votre réponse se situe. Ne regardez pas les réponses qui suivent et ne les cherchez pas en ligne. Pour réussir, vous devez répondre correctement à 9 des 10 questions. Pourquoi pas 100 % ? Ce serait trop facile, car vous pourriez choisir des fourchettes larges pour chaque valeur.

1. L'année de naissance de Wolfgang Amadeus Mozart

    _____ _____

2. La longueur du Nil

    _____ _____

3. Le nombre de fois qu'un éclair touche la Terre chaque minute

    _____ _____

4. Le temps que met la lumière du soleil à atteindre la Terre

    _____ _____

5. Le diamètre de la lune

    _____ _____

6. Le nombre de couteaux, fourchettes et cuillères à la Maison Blanche

_____ _____

7. Le nombre de langues vivantes parlées dans le monde

_____ _____

8. La période de gestation (en jours) d'une éléphante d'Asie

_____ _____

9. Le nombre de grossesses en cours chaque jour dans le monde

_____ _____

10. La durée pendant laquelle un escargot peut dormir s'il n'est pas dérangé (en jours)

_____ _____

Voici les réponses :

1. Mozart est né en 1756.

2. Le Nil mesure 6853 kilomètres.

3. Un éclair frappe la Terre 6000 fois par minute.

4. Il faut 492 secondes à la lumière du soleil pour atteindre la Terre.

5. Le diamètre de la lune est de 3474 kilomètres.

6. Il y a 13 092 couteaux, fourchettes et cuillères à la Maison Blanche.

7. On estime que 6000 langues vivantes sont parlées dans le monde.

8. La durée de gestation d'une éléphante d'Asie est de 645

jours.

9. On estime à 365 000 le nombre de conceptions chaque jour.

10. Un escargot peut dormir 1095 jours s'il n'est pas perturbé.

   (de Russo et Schoemaker, *Statistic Brain, and Odd Trivia Facts* (Rich Hancock))

Avez-vous relevé le défi avec succès ? Avez-vous répondu correctement à 9 des 10 questions ? Si vous avez échoué, j'ai une bonne et une mauvaise nouvelle. La mauvaise nouvelle, c'est que, comme la majorité des gens, vous avez été trop confiant et avez choisi des fourchettes trop étroites. La bonne nouvelle, c'est que virtuellement les seules personnes qui ne font preuve d'aucun excès de confiance au quotidien sont cliniquement dépressives ! (« Saving Yourself from Yourself », *Business Week*, 10 octobre 1999)

L'excès de confiance est un piège que les professeurs en école de commerce aiment beaucoup étudier. Par exemple, des professeurs de finance ont conclu que l'excès de confiance dans des décisions d'investissement pouvait conduire à la perte. Des professeurs de comptabilité ont observé un excès de confiance quand les directeurs prédisent des gains sur le long terme.

L'excès de confiance peut aussi affecter votre stratégie de négociation. J'ai remarqué qu'en se préparant pour la négociation, les étudiants ont tendance à prédire des ZAP (zones d'accord possible) trop étroites. Leur évaluation des faits et leur stratégie de négociation s'en ressentent. L'une des conséquences, c'est qu'ils risquent de se montrer trop modestes en établissant leurs objectifs étendus.

Prise de décision contre mise en œuvre. De temps à autre, des cadres supérieurs me contredisent quand je parle de l'excès de confiance. Ils affirment qu'avoir trop de confiance est une bonne qualité, car cela leur permet, en tant que chefs d'entreprise, d'encourager leurs employés à en faire plus qu'ils ne l'auraient jamais cru possible.

L'excès de confiance m'a également été présenté comme une bonne chose pour les entrepreneurs, car cela « pouvait apporter la vision nécessaire pour convaincre des recrues et des investisseurs potentiels de l'opportunité de se lancer dans une start-up en pleine croissance. L'optimisme peut aussi pousser les fondateurs à voir ce qu'il y a de mieux chez les gens et contribuer ainsi à leurs compétences sociales. » (Wasserman, *Cognitive Biases in Founder Decision Making*)

Je suis d'accord avec ces sentiments dans une certaine mesure. Quand vous *mettez en œuvre* des décisions, une bonne dose d'optimisme est saine. Cependant, lorsque vous prenez des décisions, vous devez être *réaliste* et chercher à infirmer vos preuves pour améliorer votre procédé de prise de décision.

Infirmer ses preuves peut représenter un défi. Je donne à mes étudiants une suite de chiffres, 2-4-6, et je leur demande de deviner la règle que j'ai utilisée pour établir cette séquence. (La règle, c'est que les chiffres vont croissant.) Avant qu'ils me donnent leurs réponses, je leur donne une occasion de tester leurs estimations en me proposant les trois chiffres qui suivent. Ils me donnent invariablement des nombres qui correspondent à leurs estimations au lieu d'infirmer leurs preuves.

Par exemple, supposons qu'une étudiante pense que ma règle est « augmenter de deux le chiffre précédent ». Lors d'un essai, elle me donne la preuve qui confirme son estimation : 8-10-12. Si l'étudiante avait cherché à infirmer sa preuve, par exemple avec 8-9-10, je lui aurais dit que son estimation était conforme à ma règle (les chiffres vont croissants) et elle aurait aussitôt compris que sa règle (des chiffres qui augmentent de deux) était fausse.

La leçon essentielle est d'essayer d'éviter ce « piège de la confirmation de la preuve » en cherchant à infirmer sa preuve lors de la prise de décision. (Cette expérience est décrite par Bazerman et Chugh, dans « Decisions Without Blinders », *Harvard Business Review*. Voir aussi Hammond et al., « The Hidden Traps in Decision Making », *Harvard Business Review*.)

Un moyen pour les chefs d'entreprise d'éviter le piège est d'encourager le conflit constructif lors de la prise de décision. Par exemple, un éminent juge du Delaware a recommandé que les conseils d'administration désignent un avocat du diable pour s'assurer que le conseil ne devienne pas trop complaisant lorsqu'il étudie la proposition d'un PDG. (« Cognitive Bias in Director Decision-Making », *Corporate Governance Advisor*, novembre/décembre 2012)

4. Formulez favorablement vos choix

La manière dont nous formulons nos questions peut avoir un impact important sur nos décisions. Par exemple, supposons que vous êtes le directeur de la Santé publique dans une ville qui se prépare à subir une épidémie inhabituelle de grippe, qui tuera selon vos estimations 600 personnes âgées. Vos deux assistantes principales, Thelma et Louise, ont mis des plans sur pied pour combattre la maladie. Avec le plan de Thelma, 200 des 600 personnes âgées seront sauvées. Avec celui de Louise, il y a 1/3 de chances pour que 600 personnes soient sauvées et 2/3 de chances qu'aucune ne survive. Thelma et Louise ont négocié sans succès pour savoir quel plan adopter, et maintenant elles veulent que ce soit vous qui décidiez. Quel plan choisiriez-vous ?

Maintenant imaginez que vous demandez à Thelma et Louise de retourner au charbon pour développer des plans alternatifs. Thelma trouve un plan où 400 personnes âgées mourront. D'après le plan de Louise, il y a 1/3 de chances pour que personne ne meure et 2/3 de chances pour que 600 personnes survivent. Une fois de plus, elles sont incapables de négocier un accord et elles vous demandent de trancher. Quel plan choisissez-vous ?

Ce scénario est basé sur la recherche d'Amos Tversky et de Daniel Kahneman (« The Framing of Decisions and the Psychology of Choice », *Science*) et il est également débattu par Bazerman et Neale. Tversky et Kahneman ont découvert que dans la première situation, près des trois quarts des participants à l'étude choisissaient le plan de Thelma, tandis que dans la seconde situation, près de 80 % choisissaient celui de Louise. Ces résultats sont frappants, car dans les deux situations les plans sont identiques. Par exemple, dans les deux plans de Thelma, 400 personnes âgées mourront.

Qu'est-ce qui entraîne cette différence de résultats ? Dans la première situation, votre choix est formulé en termes de personnes sauvées, ce qui représente un gain — un choix positif. Dans la deuxième situation, votre choix est formulé en termes de décès de personnes âgées, ce qui est une perte — un choix négatif. Devant des gains, les gens se montrent peu enclins au risque et choisissent ce qui est sûr (le plan de Thelma qui sauve 200 personnes âgées). Devant des pertes, les gens ont plus tendance à prendre des risques (le plan de Louise, selon lequel il y a 1/3 de chances que personne ne meure et 2/3 de chances que 600 personnes âgées décèdent).

C'est un outil puissant dans les négociations avec votre patron, les membres de votre équipe, vos clients ou les négociateurs d'autres sociétés. Présenter les choix que vous leur soumettez sous forme de gains ou de pertes a un impact significatif sur leurs décisions.

5. Allez au-delà de l'information facilement disponible

Qu'est-ce qui cause le plus de morts annuellement aux États-Unis — les accidents de la circulation ou le cancer du poumon ? Quand je pose cette question en classe, un important pourcentage d'étudiants choisit les accidents de la route. Même quand je pose cette question lorsque j'enseigne la négociation dans un grand centre médical, un pourcentage élevé de médecins présents au séminaire optent pour la même réponse.

Ces résultats sont surprenants, car dans une année classique, on compte environ quatre fois plus d'Américains qui meurent du cancer du poumon que d'un accident de voiture. Alors à quoi sont dues ces conclusions erronées ? Nos décisions sont très largement influencées par l'information facilement disponible. Comme Russo et Schoemaker le remarquent en ce qui concerne, par exemple, le cancer du poumon, « les gens semblent partir implicitement du principe que l'information la plus facilement disponible est également l'information la plus pertinente. » L'information sur les accidents de voiture est facilement disponible au travers des actualités qu'accompagnent parfois des images sinistres. La mort par le cancer du poumon ne fait pas la une des journaux et n'est souvent même pas mentionnée dans les nécrologies.

Comprendre le piège de la disponibilité peut être utile lors des négociations. Par exemple, j'ai travaillé un jour avec un cadre supérieur employé par un constructeur aéronautique. Des centaines de millions de dollars étaient en jeu lorsque la société négociait des contrats avec le gouvernement, et les officiels du gouvernement repoussaient souvent leurs décisions à plusieurs mois après les négociations. Le cadre m'a expliqué que le constructeur avait produit des vidéos montrant ses avions de chasse en action au cours d'opérations de bombardement, afin de les utiliser pendant les négociations. La société espérait que ces vidéos, comme les images d'accidents de voiture, reviendraient facilement à l'esprit des représentants du gouvernement lorsqu'ils accorderaient les contrats.

6. Attention au piège de la vente aux enchères

Dans mon cours, je mets souvent aux enchères un billet de 20 $. La règle est simple. Les enchères augmentent de 1 $ à la fois. Le plus offrant remporte les 20 $, mais le deuxième plus offrant doit aussi me payer et ne reçoit rien. Donc si Sara est la plus offrante avec une enchère de 14 $, elle remporte 20 $ tandis que si Pete est second avec 12 $, il me paie et ne reçoit rien en retour. Typiquement, plusieurs étudiants de la classe ouvrent les enchères dès le début, mais lorsque les enchères approchent les 20 $, il n'en reste plus que deux. Ces deux-là continuent alors souvent à enchérir bien au-delà de 20 $.

Les universitaires ont tiré un certain nombre de leçons de ce jeu retors, inventé par le professeur Shubik de Yale. Trois de ces leçons sont particulièrement importantes en négociation et résolution des conflits.

L'escalade de l'engagement. D'abord, il est facile pour les parties en présence de tomber dans le piège de l'escalade irrationnelle des engagements, comme dans la vente aux enchères. Le litige en est un bon exemple. Il n'est pas rare d'entendre parler de situations dans lesquelles une ou les deux parties d'un litige dépensent chacune un montant supérieur à celui qui fait l'objet du conflit. Comme les deux derniers offrants dans la vente aux enchères, une fois qu'ils sont bloqués dans le litige, leurs coûts escaladent au-delà de toute rationalité. Le livre de Bazerman et Moore comprend un excellent chapitre sur l'escalade des engagements.

L'excitation de la compétition. La deuxième leçon est qu'une vente aux enchères peut déclencher ce que les chercheurs appellent l'excitation de la compétition. D'après un article paru dans le *Harvard Business Review* (Malhotra *et al.*, « When Winning is Everything »), c'est ce qui peut arriver quand la rivalité est intense entre des individus qui sont sur le devant de la scène (par exemple, dans le cadre d'une négociation).

La vente aux enchères est le contexte parfait pour une excitation de la compétition. Dans une vente aux enchères pour 20 $ ouverte dans un cours de MBA par un éminent chercheur en négociation, l'enchère gagnante l'a emportée pour 15 000 $ et la perdante s'est arrêtée à 14 500 $. Les règles voulaient que les enchérisseurs paient ! La gagnante a réalisé que les montants versés seraient remis à une œuvre de charité et a considéré le jeu comme une occasion de faire une contribution généreuse. Apparemment, le perdant s'est retrouvé piégé dans l'excitation de la compétition. Il voulait simplement gagner.

Comme le souligne l'article de Malhotra, vous devriez essayer de minimiser l'excitation de la compétition en réduisant l'intensité de la rivalité. Par exemple, vous pourriez négocier par le biais d'un intermédiaire ou faire appel à une équipe pour gérer les négociations de sorte que ce ne soit pas une seule personne qui se retrouve sur le devant de la scène.

La perspective de l'autre partie. La troisième leçon que l'on peut tirer de la vente aux enchères est l'importance de regarder chaque négociation du point de vue de l'autre partie. Au début, la vente aux enchères vous paraît formidable, car vous avez l'occasion de gagner 20 $ avec, disons, une enchère de 14 $. Mais quand vous tenez compte du fait qu'il y a une quarantaine d'autres enchérisseurs potentiels dans la salle de classe, et que tous ont la même idée en tête, la vente aux enchères perd de son attrait. C'est une leçon importante pour toutes les négociations. Comme Bazerman et Neale le disent : « Nous avons compris que les directeurs qui prennent en compte le point de vue de l'autre partie réussissent davantage leurs simulations de négociation. Cette attention leur permet de prédire le comportement de l'autre partie. »

J'ai dîné un jour avec un cadre supérieur qui avait réalisé des négociations financières avec divers éminents négociateurs du monde entier. Quand je lui ai demandé ce qui distinguait un bon négociateur d'un excellent, il n'a pas hésité une seconde avant de me répondre : « La capacité à considérer les données financières sous l'angle adverse. »

Voici quelques défis à relever pour tester votre capacité à considérer les négociations du point de vue adverse. Le premier défi est basé sur une histoire racontée dans un excellent livre intitulé *The Manager as Negotiator*, de Lax et Sebenius. Vers la fin de sa campagne pour la présidence, Teddy Roosevelt prévoyait d'utiliser des tracts dont la photo flatteuse montrait qu'il avait l'étoffe d'un président. Juste avant que son équipe de campagne s'apprête à entamer la distribution des tracts, ils se sont rendu compte que c'était un photographe qui détenait les droits d'auteur.

La campagne de Roosevelt n'avait pas les fonds suffisants pour acheter les droits d'auteur et ils ne voulaient pas utiliser la photo illégalement. Pourtant, ils sentaient qu'ils avaient besoin de ces tracts pour remporter les élections. Incertains quant à la décision à prendre, ils ont demandé conseil à un négociateur de renom, fervent soutien de Roosevelt. Qu'auriez-vous fait s'ils avaient fait appel à vous ?

C'est ce que s'est demandé le partisan de Roosevelt. Capable de considérer la négociation sous une autre perspective, il a envoyé un télégramme au photographe pour lui dire (citation de *The Manager as Negotiator*) : « Nous prévoyons de distribuer de nombreux tracts avec la photo de Roosevelt sur la couverture. Ce sera une publicité incroyable pour le studio dont nous tirerons la photographie. Combien nous verseriez-vous pour que nous choisissions d'utiliser la vôtre ? Répondez tout de suite. »

La réponse ? Le photographe a proposé de payer 250 $ s'ils utilisaient sa photographie. Cet excellent négociateur avait tourné la situation à son avantage !

Voici un autre exemple, plus sophistiqué (et impressionnant !) tiré du livre de Bazerman et Neale. Vous travaillez pour une société qui étudie une offre pour racheter une autre société (« la Cible »).

La valeur de la Cible, sous sa direction actuelle, est entre 0 et 100 millions de dollars, en fonction du succès de ses opérations de forage pétrolier. Chaque valeur comprise entre 0 et 100 millions est tout aussi vraisemblable qu'une autre.

Les propriétaires de la Cible connaissent la valeur exacte de leur compagnie, car ils ont reçu les comptes-rendus sur le succès de leurs opérations de forage pétrolier. Sous votre direction, la valeur de la Cible sera de 50 % supérieure à la valeur actuelle, quelle qu'elle soit. À combien placeriez-vous la valeur de la Cible, en sachant que vous ne pouvez proposer qu'une offre à prendre ou à laisser ?

Quand j'utilise cet exemple dans les séminaires de cadres, même les experts financiers ne savent pas répondre correctement à cette question. Pourquoi ? Ils ne considèrent pas l'accord du point de vue de la Cible. Prenons une offre au hasard, disons 60 millions de dollars. Si la vraie valeur de la compagnie est supérieure à 60 millions de dollars, la Cible (qui connaît la véritable valeur de sa société) n'acceptera pas l'offre.

Sous un autre angle, la Cible n'acceptera que les offres entre 0 et 60 millions de dollars, soit une valeur moyenne de 30 millions. Même après l'augmentation de 50 % de sa valeur suite à votre acquisition, la valeur ne passe qu'à 45 millions de dollars, ce qui est toujours moins que votre offre à 60 millions. Parce que la valeur sera toujours plus basse que n'importe quel nombre que vous aurez avancé, la réponse correcte est que vous ne devriez miser que 0 $.

L'importance de considérer les négociations du point de vue de la partie adverse ne se limite bien évidemment pas aux affaires commerciales. L'un de mes amis était conseiller d'un président américain. Lorsqu'il donnait des informations au président pour le préparer, par exemple, à rencontrer le dirigeant d'un pays étranger, mon ami lui expliquait les enjeux essentiels qui affectaient la relation entre les deux pays. Puis il observait la capacité troublante qu'avait le président à discuter du problème en se plaçant du point de vue de l'autre partie et à reformuler les questions pour répondre aux préoccupations adverses.

7. Encouragez la réciprocité

Dans son livre *Influence*, Robert Cialdini consacre tout un chapitre à la « Réciprocité », le besoin fondamental que nous, en tant qu'humains, ressentons de rendre la pareille à quelqu'un qui a fait quelque chose de bien pour nous. Il cite l'anthropologue Richard Leakey, qui note que la réciprocité nous rend humains : « Nous sommes humains parce que nos ancêtres ont appris à partager leur nourriture et leurs compétences dans un réseau d'obligations respecté. »

Nous pouvons tous trouver des exemples de réciprocité. Laissez-moi vous en raconter un impliquant ma négociation avec une petite fille. L'un de mes étudiants m'a invité à son mariage à Mumbai, en Inde. Un après-midi, j'avais un peu de temps libre et j'ai décidé d'aller me promener dans les magnifiques jardins en terrasse que l'on appelle les Jardins Suspendus, au sommet de Malabar Hill.

Alors que j'approchais des jardins, une fillette des rues, sans doute âgée de onze ou douze ans, est venue me voir pour me vendre un éventail en plumes de paon. Je lui ai dit que je n'étais pas intéressé, mais elle m'a suivi dans les jardins et m'a expliqué la coupe des arbres, la végétation et les structures que l'on trouvait dans le jardin. Qu'ai-je acheté à la fin de la visite ? Un éventail en plumes de paon. La fille était peut-être jeune, mais elle avait une compréhension intuitive du pouvoir de la réciprocité.

Ce que l'on néglige souvent dans les débats sur la réciprocité, c'est ce que l'on appelle « l'effet Ben Franklin », ou ce que j'appelle la réciprocité inversée. Au lieu de faire quelque chose pour quelqu'un d'autre dans l'espoir qu'il vous sera rendu la pareille, demandez que l'on fasse quelque chose pour vous.

Comme l'explique Franklin : « Celui qui vous a un jour accordé une faveur sera plus enclin à vous en accorder une autre que celui à qui vous avez vous-même rendu service. » Par exemple, en essayant de s'assurer l'amitié d'un rival, Franklin a demandé s'il pouvait emprunter l'un des livres rares de son adversaire. Le rival lui a rendu ce service et lorsqu'il a ramené le livre, Franklin l'a abondamment remercié. Par la suite, ils sont devenus bons amis.

8. Utilisez le principe de contraste

Quand j'ai fait l'acquisition de ma première maison, un agent immobilier m'a montré la maison la plus laide que j'avais jamais vue. Elle demandait des réparations considérables et son prix était exorbitant. J'ai dit à l'agent que je n'étais pas intéressé. Elle m'a alors montré une jolie maison, mais qui nécessitait aussi beaucoup de réparations, à un prix bien trop élevé. Une fois de plus, je lui ai dit que je n'étais pas intéressé. Elle m'a enfin conduit dans une belle demeure, bien entretenue — qui, elle aussi, était très chère. J'ai aussitôt déclaré : « Je la prends. »

Que m'avait-elle fait d'un point de vue psychologique ? En langage immobilier, elle m'avait d'abord fait visiter des propriétés « faire-valoir ». En psychologie, elle m'avait piégé en utilisant le principe de contraste. Elle savait que la troisième maison me paraîtrait bien plus différente si elle m'était présentée à la lumière des deux premières que si je l'avais visitée indépendamment. Si l'agent ne m'avait montré que la dernière maison, je n'aurais pas été intéressé à cause de son prix trop élevé.

Le principe de contraste est bien connu des détaillants. Par exemple, une cadre dans l'un de mes séminaires sur la négociation gérait un magasin haut de gamme à Singapour, qui vendait des sacs à main à plus de mille dollars. Elle demandait à ses employés de disposer les cravates des hommes près des sacs à main. Les ventes de cravates prospéraient car, même si elles étaient chères, elles paraissaient bon marché en comparaison avec les sacs à main.

Je tombe moi-même dans des pièges similaires. Quand j'achète un costume, j'achète souvent une cravate qui me coûte plus que si je l'achetais séparément. En contraste avec le prix du costume, le prix de la cravate semble être raisonnable.

Le principe de contraste est particulièrement bien illustré par la lettre suivante, envoyée par une étudiante à ses parents. Il existe de nombreuses versions de cette lettre. Vous en trouverez une dans le livre de Cialdini ; celle-ci est tirée de : http://www.netjeff .com/humor/item.cgi?file=DearMomAndDad.

Chers Maman et Papa,

Cela fait maintenant trois mois que je suis partie à l'université. Je suis désolée de ne pas avoir eu la prévenance de vous écrire plus tôt. Je vais vous donner de mes nouvelles, mais avant que vous ne poursuiviez votre lecture, vous feriez mieux de vous asseoir. C'est bon ?

Je m'en sors plutôt bien maintenant. La fracture crânienne et la commotion que je me suis faites en sautant par la fenêtre de mon appartement en flammes peu de temps après mon arrivée guérissent correctement. Je n'ai passé que deux semaines à l'hôpital et maintenant, je vois presque normalement et je n'ai ces migraines carabinées qu'une fois par jour. Heureusement, Roger, employé à la station-service, a été témoin de l'incendie et de ma chute. C'est lui qui a appelé les pompiers. Il m'a aussi rendu visite à l'hôpital et comme je n'avais nulle part où vivre il m'a invitée à partager son appartement. C'est un homme très bien et nous prévoyons de nous marier. Nous n'avons pas encore fixé la date, mais ce sera avant que ma grossesse commence à se voir. Son divorce a été prononcé et il a la garde alternée de ses trois enfants.

La raison pour laquelle nous retardons notre mariage, c'est que Roger a une infection mineure qui nous empêche de passer nos tests sanguins prénuptiaux, et dans ma négligence je l'ai aussi contractée. Mais ça ne devrait pas tarder à disparaître grâce à mes injections quotidiennes de pénicilline.

Maintenant que je vous ai informée de ma situation, je dois vous dire qu'il n'y a eu aucun incendie, que je n'ai eu ni fracture ni commotion cérébrale, que je ne suis pas allée à l'hôpital, que je ne suis pas enceinte, ni fiancée, que je n'ai pas la syphilis et qu'il n'y a aucun homme divorcé dans ma vie. Par contre, j'ai eu un « D » en art et un « F » en biologie, et je voulais que vous considériez ces notes sous le bon angle.

Votre fille qui vous aime,

Jane

Même si Jane a des difficultés en art ou en biologie, elle devrait bien réussir dans ses futures négociations, car elle comprend parfaitement le principe de contraste !

9. Prenez du recul

Ce dernier outil — ou piège — est parfois négligé dans les livres traitant de la négociation : dans une négociation, il est important de garder à l'esprit une vue d'ensemble, même lorsque vous êtes plongé dans les détails. C'est plus difficile qu'il n'y paraît, à cause de ce que Bazerman et Chugh appellent la « conscience limitée ». (« Decisions Without Blinders », *Harvard Business Review*). Un aspect important de la conscience limitée, c'est que notre focalisation sur un élément de la négociation — le prix, par exemple — peut limiter la conscience que nous avons de sujets plus importants.

L'illusion du singe est un bon exemple de conscience limitée : http://www.youtube.com/watch?v=IGQmdoK_ZfY. Dans cette vidéo, les membres de deux équipes constituées de joueurs de basketball, l'une en blanc et l'autre en noir, se font des passes entre membres de la même équipe. On vous demande de compter le nombre de passes réalisées par l'équipe en blanc. Pendant que vous êtes concentré sur cette tâche, quelqu'un déguisé en gorille s'avance au milieu des deux équipes, se cogne le torse et s'en va. Un important pourcentage de participants ne remarque même pas le gorille, tant ils sont concentrés sur le nombre de passes.

Le Grand Bazaar d'Istanbul est considéré comme le paradis des acheteurs. Avec ses milliers de boutiques alignées sur soixante rues couvertes, le Grand Bazaar est l'occasion parfaite de tester ses aptitudes en négociation en marchandant pour des bijoux, des meubles, des tapis, des vêtements, de la maroquinerie et des objets touristiques. Quand j'ai visité le bazar, on m'a raconté que de nombreux acheteurs étaient si enthousiasmés par leurs négociations dans le Grand Bazaar qu'ils en oubliaient la vue d'ensemble (ou le gorille), à savoir que les articles sont moins chers à l'extérieur du Grand Bazaar, où les locaux font leurs emplettes.

Un enseignement très sage nous est proposé par la négociatrice chevronnée Maggy Baccinelli, de l'International Air Transport Association : « Lorsque vous négociez, vous devez toujours garder à l'esprit la vue d'ensemble… et sans cesse y revenir, pour éviter le piège de vous retrouver piégé dans les détails. » (« A Canadian Perspective on Contract Negotiation », *ACC Docket*, octobre 2012)

À retenir. Ce chapitre vous a donné une liste de neuf outils à utiliser ou de pièges à éviter lors de vos futures négociations. Gardez cette liste à portée de main lorsque vous prenez des décisions au cours d'une négociation ou sur des questions de direction et de gestion financière.

III SCELLER SA NÉGOCIATION PAR UN CONTRAT EXÉCUTOIRE

8. Utiliser le droit des contrats pour conclure votre négociation

9. Dépasser les aspects juridiques pour créer de la valeur

8   Utiliser le droit des contrats pour conclure sa négociation

On considère souvent qu'une négociation se déroule dans l'ombre de la loi. La loi jette en réalité deux ombres sur les négociations. D'abord, dans une négociation visant à résoudre un conflit, l'ombre est le litige — la MESORE ultime dans ce type de négociation. Le chapitre 3 explorait en quoi le litige en tant que MESORE aux États-Unis est différent de celui des autres pays. Ce chapitre expliquait aussi comment calculer la valeur de votre MESORE dans le cadre d'un litige à l'aide de l'analyse de l'arbre de décision.

La deuxième ombre, qui survient dans les négociations visant la conclusion d'une entente, est le cadre juridique à la négociation des marchés et les éléments nécessaires pour convertir votre accord en contrat exécutoire. La suite de ce chapitre se concentre sur ces éléments, mais nous nous écartons d'abord des détails juridiques pour discuter de trois points de vue au sens large sur le droit des contrats ainsi que deux variables essentielles qui déterminent la loi appliquée à votre contrat.

"La loi jette deux ombres sur la négociation"

Conclusion d'entente : Cadre légal   Résolution des conflits : Le
pour la négociation de contrat   litige comme MESORE

Negociation

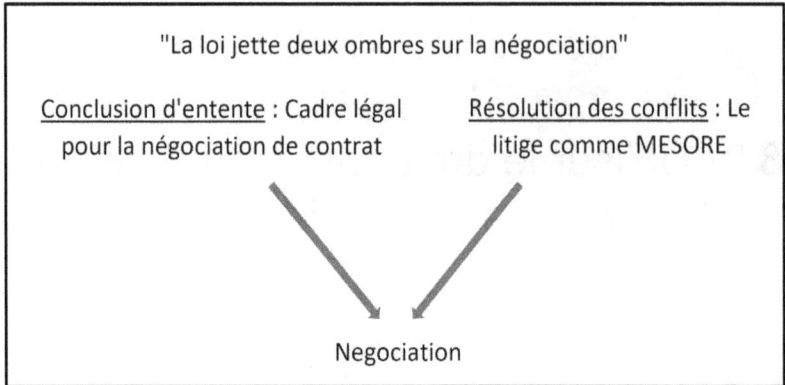

LES POINTS DE VUE SUR LE DROIT DES CONTRATS

Par nature, un contrat est un accord juridiquement applicable. Nous passons tous de nombreux accords qui ne sont pas juridiquement applicables. Par exemple, nous pouvons être tous les deux d'accord pour dire que tel film est le pire que nous ayons jamais vu, mais notre accord n'est pas applicable devant un tribunal. Le droit des contrats fournit un cadre pour déterminer lesquels de nos accords sont juridiquement applicables.

Trois points de vue sont utiles quand on pense au droit des contrats. D'abord, il y a un point de vue mondial. Dans le monde international des affaires, les règles juridiques sont d'une importance fondamentale lorsque l'on prend des décisions commerciales. Aucune loi n'est plus importante que le droit des contrats, car les contrats établissent vos droits et vos devoirs dans les accords commerciaux. Votre première question lorsque vous investissez dans un pays devrait être : les droits de mon contrat seront-ils respectés et protégés par les lois de ce pays ?

Ensuite, dans la perspective de l'entreprise, les contrats sont la clé pour le succès en affaires. Toutes les autres activités de la société — comptabilité, marketing, finance, stratégie, etc. — ne servent à rien si vos contrats ne vous rapportent aucun profit. Au sein des entreprises, la valeur est créée au cours des négociations contractuelles et les sociétés échouent lorsque ces négociations ne produisent pas des résultats satisfaisants.

Troisièmement, d'un point de vue personnel, les contrats (à la fois écrits et tacites) se retrouvent dans tous les aspects de nos vies quotidiennes. Que ces contrats impliquent le simple achat d'un repas ou des transactions plus complexes comme l'acquisition d'une maison, ils représentent un important aspect de nos interactions avec les autres humains.

Les contrats sont si communs dans nos vies professionnelles et personnelles que, dans la plupart des cas, nous sommes nos propres avocats lorsque nous les négocions. En d'autres termes, nous ne pouvons pas avoir un avocat à nos côtés toute la journée pour nous conseiller chaque fois que nous nous engageons dans un contrat commercial ou personnel. Par conséquent, nous avons besoin de comprendre les fondements du droit des contrats et les quatre éléments essentiels qui déterminent si un contrat a été conclu. À présent, penchons-nous sur ces questions.

COMPRENDRE LA SOURCE DU DROIT DES CONTRATS

Quand vous êtes impliqué dans une négociation et qu'une question relative au droit des contrats est soulevée, où pouvez-vous (ou votre avocat) trouver la réponse ? Deux questions essentielles déterminent la source du droit des contrats. D'abord, sommes-nous dans un pays de droit civil ou de droit commun ? Ensuite, quel type de contrat sommes-nous en train de négocier ?

Type de système juridique

Bien que les droits des contrats dans une économie mondialisée se ressemblent de plus en plus d'un pays à un autre, des différences demeurent. Le monde industrialisé est partagé entre les pays qui ont un système juridique civil et ceux dont le système juridique est commun. Avant toute négociation, vous devez déterminer quel système régit votre contrat.

En règle générale, parmi les pays de droit civil, on compte les pays d'Europe continentale et les anciennes colonies de ces pays. Dans les pays de droit civil, les principes juridiques sont essentiellement regroupés dans un « code » — une sorte d'encyclopédie de la loi. Par contraste, les pays de droit commun (généralement l'Angleterre et ses anciennes colonies) se basent davantage sur les affaires précédemment jugées — c'est-à-dire la jurisprudence — comme source du droit.

La distinction entre les pays de droit civil et commun est particulièrement importante, car les exigences juridiques pour un contrat valide diffèrent dans une certaine mesure entre ces systèmes. Par exemple, le droit civil n'inclut pas le principe de considération développé plus bas.

À l'exception des différences dans les exigences juridiques, les juristes soulignent que les contrats de droit commun sont plus longs parce que les avocats essaient d'anticiper tous les scénarios susceptibles de survenir lors de sa mise en œuvre. Même s'il est délicat de généraliser, certains juristes estiment que les contrats de droit civil sont généralement plus courts, car ils peuvent se contenter de faire référence aux dispositions du code. Cependant, même dans les pays de droit civil, on remarque une tendance à rédiger des contrats plus longs, car les deux systèmes fusionnent souvent lorsque les négociations franchissent les frontières.

À retenir. Au début de chaque négociation, déterminez si le contrat est régi par un système juridique différent de celui avec lequel vous êtes familier.

Type de contrat

La deuxième variable concernant la source du droit des contrats se rapporte à la compréhension du type de contrat que vous négociez. Par exemple, partons du principe que vous fabriquez des équipements de golf. Je suis en train de négocier l'achat de 100 putters, que je compte vendre dans ma boutique. Nous nous mettons d'accord sur tous les détails à l'exception du prix. Avons-nous un contrat ?

D'après le droit commun traditionnel, qui régit la vente d'immobilier et de services, le prix est un élément clé dans l'élaboration d'un contrat. Toutefois, notre contrat implique ce que les avocats appellent la vente de « biens ». Aux États-Unis, la vente de biens est régie par le Code de commerce uniforme ou, comme il est courant de l'appeler lors de négociations commerciales, l'UCC[1]. L'UCC a modernisé le droit des contrats. Par exemple, même lorsque le prix n'est pas fixé, si vous avez l'intention d'établir un contrat mais n'avez pas discuté du prix, l'UCC stipule que « le prix est un prix raisonnable au moment de la livraison » des putters.

La situation se complexifie si vous négociez un contrat international. La bonne nouvelle, c'est que 81 pays, dont les États-Unis, ont ratifié un traité appelé la Convention des Nations Unies sur les contrats de vente internationale de marchandises (connu dans le milieu du commerce sous le sigle CVIM). Disposer d'un droit des ventes international uniforme est une avancée fondamentale qui facilite le commerce international.

La mauvaise nouvelle, c'est que certaines règles de la CVIM diffèrent de l'UCC. Par exemple, des experts ont conclu que d'après la CVIM le prix devait être mentionné ou le contrat devait inclure une clause pour déterminer le prix. (Miller, *Fundamentals of Business Law*)

---

[1] Uniform Commercial Code

À retenir. Au début de toute négociation, déterminez si le contrat implique la vente de biens, auquel cas ce sera l'UCC qui s'appliquera aux États-Unis, et la CVIM si le contrat concerne deux pays qui ont adopté ce traité (à moins que les parties en décident autrement).

LISTE DE CONTRÔLE EN QUATRE POINTS

Penchons-nous à présent sur les quatre éléments nécessaires à la création d'un contrat. Ces éléments représentent une liste de vérification que vous pourrez utiliser dans vos futures négociations.

1. Parvenez à un accord

La nécessité que les parties parviennent à un accord est plutôt évidente. Une partie fait une proposition ; l'autre partie l'accepte.

Dans de nombreux cas, c'est le sens commun qui nous permet de déterminer si un contrat a été passé, comme l'illustrent des faits directement adaptés d'une affaire chinoise. Disons que lundi, un magasin a envoyé à un fabricant une offre pour lui acheter des télévisions, avec la livraison à effectuer au magasin. Le mercredi, le fabricant a envoyé sa réponse. Il acceptait l'offre, en précisant que le magasin devait venir chercher les télévisions à l'usine. Le vendredi, le magasin a validé ce changement. Quand le prix des télévisions a chuté, la boutique a décrété qu'il n'y avait aucun contrat. Alors qu'en est-il vraiment ?

Lundi : Propose d'acheter les télévisions ;
livraison au magasin

Magasin   Fabricant

Mercredi : Accepte l'offre, mais le magasin doit
récupérer les articles à l'usine

Vendredi : Le magasin accepte

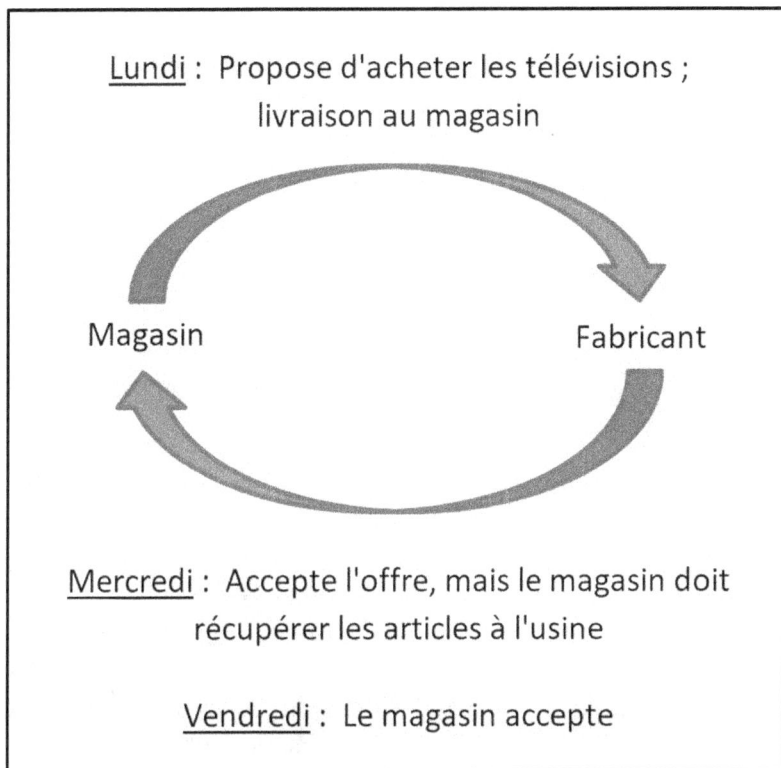

D'après l'analyse de bon sens, le magasin a fait une offre le lundi, mais le soi-disant « accord » du fabricant n'était pas une acceptation légale car il modifiait les termes de l'offre en modifiant le lieu de livraison. La réponse du fabricant devenait alors une contre-offre, qui légalement représente un rejet de l'offre. La contre-offre a été acceptée par le magasin le vendredi, créant ainsi un contrat. (Pour des raisons trop compliquées à développer ici, d'après l'UCC, l'accord aurait sans doute eu lieu le mercredi. Quoi qu'il en soit, il y a contrat.)

Les documents préliminaires. Une situation à risque peut survenir quand les parties se servent d'un document au cours de leurs négociations contractuelles. Ce type de document (souvent appelé un mémorandum de compréhension, un mémorandum d'accord, une lettre d'intention ou un accord de principe) est un outil de négociation utile dans le cas de négociations complexes, quand les deux parties ont des difficultés à réduire leur accord négocié par écrit. Même dans une négociation simple, telle que la location d'un appartement, un bail pré-imprimé est un outil utile pour convertir une négociation en accord légal.

Utiliser des documents préliminaires comporte un risque majeur. Si les parties ne déclarent pas clairement qu'elles ne sont pas légalement liées jusqu'à la signature d'un contrat final, si un document devient plus détaillé, un tribunal peut statuer qu'il s'est alors changé en contrat exécutoire.

Ce risque peut aussi affecter des tierces parties. Par exemple, il y a plusieurs années, Pennzoil a négocié un mémorandum d'accord pour faire l'acquisition de Getty Oil. Quand, de son côté, Texaco a conclu plus tard un contrat pour acheter Getty Oil, Pennzoil a déclaré que son mémorandum d'accord était en fait un contrat exécutoire et que les actions de Texaco interféraient avec les droits contractuels de Pennzoil. Lors d'un procès ultérieur, le jury s'est rangé de l'avis de Pennzoil pour décider que Texaco devait 10,5 milliards de dollars de dommages.

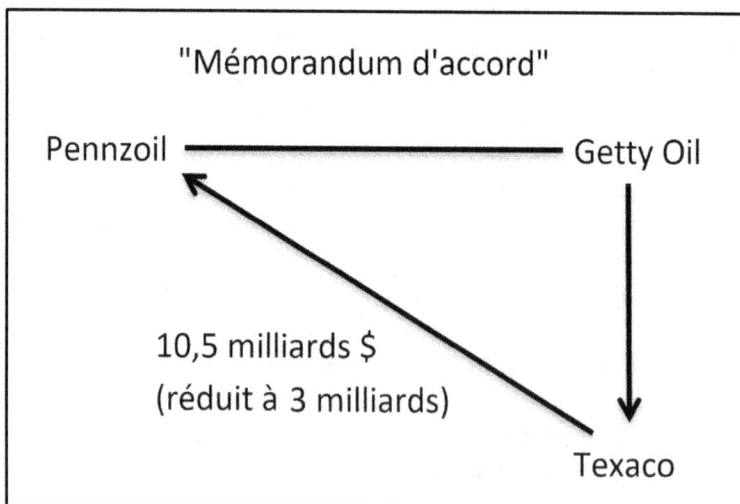

"Mémorandum d'accord"

Pennzoil ——————————— Getty Oil

10,5 milliards $
(réduit à 3 milliards)

Texaco

Ce fut le plus gros verdict jamais soutenu en appel. Comme ce jugement entraînait Texaco vers la faillite, les deux sociétés sont parvenues à un accord selon lequel Texaco ne devait à Pennzoil « que » 3 milliards. L'avocat de Pennzoil raconta plus tard : « Nous avons fait la fête ce soir-là [après avoir gagné l'affaire] chez moi en mangeant des hamburgers et en buvant des bières. J'ai toujours le bulletin de versement de 3 milliards sur mon mur. » (*ABA Journal*, 2 mars 2009)

À retenir. Si les accords préliminaires sont des outils de négociation utiles, ils comportent aussi des risques significatifs. Pour minimiser ces risques, vous devez prendre soin d'écrire noir sur blanc dans le document qu'il n'existe qu'à des fins de négociation et que ce n'est pas un contrat final tant que vous n'avez pas donné votre accord.

2. Présentez une contrepartie

La contrepartie est une exigence légale courante. Si la contrepartie a une définition juridique technique, dans le langage de tous les jours, elle signifie que pour qu'un accord soit légalement exécutoire, les deux parties doivent apporter quelque chose. Par exemple, si un diplômé promet de faire un don de 20 millions de dollars à son université dans un accord écrit signé, ce dernier n'est généralement pas considéré comme exécutoire, à moins que l'université promette quelque chose en retour.

Dans la majeure partie des transactions commerciales, la contrepartie n'est pas un souci car les deux parties promettent quelque chose. Une partie promet de fournir un service ou un produit, et l'autre partie promet d'effectuer un paiement.

Cependant, le risque de ne pas répondre à l'exigence de la contrepartie augmente quand un contrat est modifié. Imaginons qu'en tant que contractant, vous promettiez d'effectuer des travaux sur un bâtiment pour un client avant une certaine date, en échange de quoi le client promet de vous payer 30 000 $. Les deux promesses représentent vos contreparties mutuelles.

À votre demande, le client promet par écrit de vous accorder une extension d'un mois, mais vous ne donnez rien au client en échange de cette extension. Techniquement, l'accord du client n'est pas exécutoire à moins que vous n'apportiez une contrepartie supplémentaire pour l'extension d'un mois.

À retenir. Pour créer un contrat exécutoire, ou lorsque vous négociez un amendement contractuel, assurez-vous que les deux parties promettent quelque chose pour satisfaire à l'exigence de contrepartie.

3. Restez dans le cadre de la loi

Un contrat qui va à l'encontre de la loi n'est pas juridiquement applicable. Dans de nombreux cas — par exemple, un contrat pour vendre des drogues illégales — cet élément est clair et facile à comprendre. Dans d'autres situations, dans lesquelles il peut y avoir une violation des politiques publiques, la loi est plus complexe.

Par exemple, votre société peut décider de protéger des informations confidentielles en adoptant une politique qui demande à ses employés de signer ce que l'on appelle des accords de « non-concurrence ». Ces accords stipulent que les employés ne peuvent travailler pour un concurrent pendant trois ans après leur départ de la compagnie.

Les États ont des lois différentes et par conséquent des applications juridiques différentes pour ces accords de non-concurrence. Dans certains États, ces accords peuvent être illégaux, car ils restreignent la capacité de vos employés à trouver un emploi. Même lorsque l'accord est légal, dans les pays de droit commun, le principe de contrepartie voudrait que votre société donne quelque chose aux employés en échange de leur ratification de l'accord de non-concurrence.

À retenir. Les contrats illégaux ne sont pas juridiquement applicables, y compris ceux qui vont à l'encontre des politiques publiques.

4. Mettez votre accord par écrit

Écrire vos exigences soulève des questions complexes et essentielles au moment des négociations. Les pays de droit civil comme ceux de droit commun ont des lois qui demandent que certains contrats soient présentés sous forme écrite. En voici quelques exemples typiques selon la loi américaine :

• Contrats de vente immobilière.

• Promesses de payer les dettes d'autrui.

• Accords d'un exécuteur ou liquidateur testamentaire.

• Promesses en échange d'une promesse de mariage.

• Accords qui ne peuvent pas être honorés avant un an.

• Ventes de biens à 500 $ ou plus.

Ces règles comportent un gros risque financier lorsque vous vous trompez sur le fait que votre accord doit être rédigé par écrit. Par exemple, vous pouvez rater une occasion de faire affaire parce que vous pensiez que votre accord oral était exécutoire dans une situation où la loi exige un contrat écrit. Ou vous pouvez vous retrouver engagé dans une responsabilité que vous ne souhaitiez pas, car vous pensiez que votre accord oral n'était pas exécutoire dans une situation où le contrat ne devait pas nécessairement être couché par écrit.

Par conséquent, vous ne devriez jamais vous lancer dans des négociations contractuelles sans comprendre les lois régissant la forme nécessaire que doit prendre le contrat. Votre compréhension de la loi devrait être renforcée par une stratégie pratique : lors des négociations pour un contrat important, faites clairement

103

comprendre que vous n'êtes pas lié tant qu'un accord écrit ne sera pas rédigé.

Deux raisons président à cette recommandation. D'abord, en mettant votre accord par écrit, vous n'aurez pas à vous inquiéter des lois complexes déterminant si l'accord doit nécessairement l'être.

Ensuite, et sans doute plus important encore, vous éviterez les conséquences d'un défaut de mémoire. Même quand la loi autorise les contrats oraux, les deux parties d'un contrat auront souvent des souvenirs différents sur les détails de leur négociation et de leur accord. Leurs points de vue peuvent différer quant à la date à laquelle l'accord commence, sa durée, la manière dont il peut se terminer et ainsi de suite. Ces problèmes de mémoire sont évités quand vous signez un accord écrit. Comme le dit le proverbe chinois, même l'encre la plus pâle vaut mieux que la meilleure mémoire.

La règle de la preuve orale. Il existe un risque supplémentaire une fois que vous avez couché votre accord par écrit. Pour illustrer ce risque, imaginez que vous venez d'être engagé par une société dans une ville éloignée de la vôtre. Au cours des négociations, la société vous promet de payer vos frais de déplacement, mais lorsque l'accord est écrit noir sur blanc, cette promesse n'y figure pas. Avez-vous légalement le droit de demander des frais de déplacement, si tant est que la société reconnaisse vous en avoir fait la promesse ?

Si le droit varie d'un pays à un autre, sous la loi américaine, ainsi que dans de nombreux autres pays, la règle de la preuve orale stipule qu'une fois que vous avez mis votre accord par écrit, la preuve d'ententes antérieures ou simultanées (comme la promesse de la société de vous payer vos frais de déplacement) ne peut pas être utilisée comme preuve si vous décidez de poursuivre la compagnie.

Cette règle est sensée, car au cours d'une négociation les deux parties peuvent passer de nombreux accords qu'ils rejettent par la suite et n'ont pas l'intention d'inclure dans le contrat final. Si on leur permettait d'apporter la preuve de ces accords devant un tribunal, les tribunaux passeraient leur temps à vérifier et essayer de démêler les détails de ce qui s'est passé pendant les négociations.

Même quand vous négociez un accord selon le droit d'un pays qui n'a pas adopté la règle de la preuve orale, votre contrat inclura vraisemblablement une clause déclarant que la règle s'applique. Ces clauses apparaissent sous divers en-têtes — par exemple, clause d'intégralité, clause d'insertion ou clause d'accord entier.

C'est une bonne habitude d'inclure l'une de ces clauses même lorsque vous négociez dans des pays qui ont adopté la règle, car elle risquerait de ne pas s'appliquer dans toutes les situations. Par exemple, les États-Unis ont adopté la Convention sur les contrats de vente internationale de marchandises (CVIM), qui n'intègre pas cette règle. Ainsi, si vous vous engagez dans un contrat pour la vente de marchandises à l'international relevant de la CVIM, la preuve d'ententes antérieures pourrait être admissible au tribunal à moins que vous intégriez une clause d'intégralité déclarant clairement qu'aucune preuve hors contrat écrit n'est recevable.

Voici un exemple de clause contractuelle typique (tiré des archives de la Securities and Exchange Commission américaine). En janvier 2012, le fondateur de Facebook, Mark Zuckerberg, a signé un contrat modifiant un accord d'embauche antérieur pour se désigner président et directeur général de la société. L'accord contenait les clauses classiques suivantes :

1. *Compensation*. Salaire de base de 500 000 $, en plus des dispositions portant sur les primes. (À ce propos, à partir de 2014, la valeur de Zuckerberg était estimée à 33 milliards de dollars. Quand le contrat fut signé, il possédait environ 28 % des parts de Facebook.)
2. *Avantages sociaux*. Jusqu'à 21 jours de congés payés

par an.

3. *Accord de confidentialité.* Se rapporte à un accord distinct de confidentialité et de non-divulgation.

4. *Pas d'obligations conflictuelles.* Empêche les accords oraux ou écrits qui entrent en conflit avec la politique de la société.

5. *Activités annexes.* Pas d'autre activité commerciale sans le consentement de la société.

6. *Obligations générales de Zuckerberg.* Inclut l'honnêteté, l'intégrité, la loyauté et le professionnalisme.

7. *Emploi de gré à gré.* Peut être renvoyé à tout moment.

8. *Retenues à la source.* La rémunération est versée après retenue des paiements.

Le contrat se terminait par cette phrase : « Cette lettre d'accord remplace et annule toute entente ou accord précédent, qu'ils soient oraux, écrits ou implicites, entre vous et la société en rapport aux sujets décrits dans cette lettre. » Par cette déclaration, Zuckerberg et Facebook affirmaient la règle de la preuve orale.

La forme d'écriture. Les contrats ne doivent pas nécessairement être imprimés sur un document formel mentionnant « Contrat » en titre. Tout écrit sera généralement acceptable — ce qui peut être un piège. Par exemple, deux individus buvaient quelques verres au restaurant. L'un d'eux, Lucy, proposa à Zehmer d'acheter sa ferme de 191 000 hectares pour 50 000 $. Zehmer accepta la proposition et écrivit sur une note de restaurant : « Nous soussignés acceptons de vendre à W.O. Lucy la ferme Ferguson au complet pour 50 000 $, titre satisfaisant pour l'acheteur. » Zehmer et son épouse signèrent le document.

Plus tard, Zehmer renia son engagement, affirmant qu'il pensait que Lucy plaisantait. Il avança aussi qu'il était « aussi rond qu'une barrique » et que la négociation avait lieu entre « deux ivrognes patentés qui bluffaient pour savoir qui irait le plus loin ». En décidant que Zehmer devait céder sa ferme car il s'agissait d'un contrat valide, le tribunal a souligné un nombre de facteurs qui indiquaient qu'il s'agissait d'une transaction d'affaires sérieuse, notamment à cause de l'apparence et l'exhaustivité du contrat. (*Lucy c. Zehmer*, 84 S.E.2d 516)

À retenir. Même lorsqu'un contrat écrit est nécessaire, comme lors d'une vente immobilière, un accord écrit informel peut s'avérer tout aussi exécutoire qu'un document formel.

Conditions impliquées. Que votre accord soit écrit ou non, il peut y avoir des conditions additionnelles impliquées par la loi. Par exemple, partons du principe que vous avez récemment emménagé aux États-Unis. Des amis veulent que vous soyez receveur dans leur équipe de baseball. Ils vous disent que le receveur de l'équipe lance une balle papillon. Vous n'avez jamais joué au baseball, alors vous n'avez aucune idée de ce que cela signifie.

Un entraîneur de baseball du lycée local fait un vide-grenier et vend du matériel de baseball. Vous visitez son stand en sachant que le vendeur est un entraîneur de baseball et vous lui dites que vous avez besoin d'un gant de receveur capable de rattraper les balles papillons. L'entraîneur vous montre un gant en déclarant que c'est le seul gant de receveur à vendre. Vous négociez alors un prix. Après avoir acheté le gant, vous découvrez qu'il est bien trop petit pour attraper des balles papillons. Pouvez-vous poursuivre l'entraîneur en justice pour rupture de contrat ?

Même si vous n'en avez jamais parlé au cours de la négociation, le Code de commerce uniforme (le droit qui régit la vente des marchandises) stipule que dans ces circonstances, un vendeur tel que l'entraîneur vous donne une garantie implicite que l'article vendu convient à l'utilisation spécifique que vous avez besoin d'en faire, à savoir attraper des balles papillons. L'entraîneur est donc en rupture de sa garantie implicite.

À retenir. Gardez à l'esprit que votre accord peut inclure des conditions implicites aux yeux de la loi, même si elles n'ont jamais été abordées pendant la négociation.

9 Dépasser les aspects juridiques pour créer de la valeur

Comme souligné au chapitre 8, un contrat est défini comme un accord juridiquement applicable. Les contrats d'affaires sont typiquement conçus pour être des accords *créateurs de valeur* juridiquement applicables. Par exemple, quand vous vous engagez par contrat avec un fournisseur, vous prévoyez que le produit du fournisseur vous permettra d'augmenter la valeur de vos propres produits.

Les avocats se concentrent traditionnellement sur la partie applicabilité de la définition du contrat ; leur but est de construire un accord légalement parfait et applicable qui minimise le risque juridique. L'orientation des avocats n'est pas surprenante étant donné leur état d'esprit. Les avocats sont formés pour poser sur les contrats le regard d'un juge susceptible de devoir statuer sur un conflit associé. Ainsi un bon contrat, du point de vue de l'avocat, est un contrat qui minimise le risque du client et qui est applicable devant un tribunal.

Même si la partie « juridiquement applicable » d'un contrat d'affaires est importante et ne peut pas être ignorée, l'applicabilité légale doit être équilibrée par la partie « accord créateur de valeur » de la définition. En d'autres termes, si les entreprises veulent que leurs accords soient applicables, elles veulent aussi des contrats qui leur permettent d'atteindre leurs buts commerciaux. Elles considèrent le contrat comme un outil de gestion au même titre qu'un outil juridique. Comme les professeurs de droit Ian Macneil et Paul Gudel le soulignent dans leur ouvrage *Contracts: Exchange Transactions and Relations*, « [s]euls les avocats et autres personnes orientées vers les conflits considèrent les contrats comme une source de tracas et de litiges potentielle, plutôt que comme un moyen d'obtenir quelque chose. »

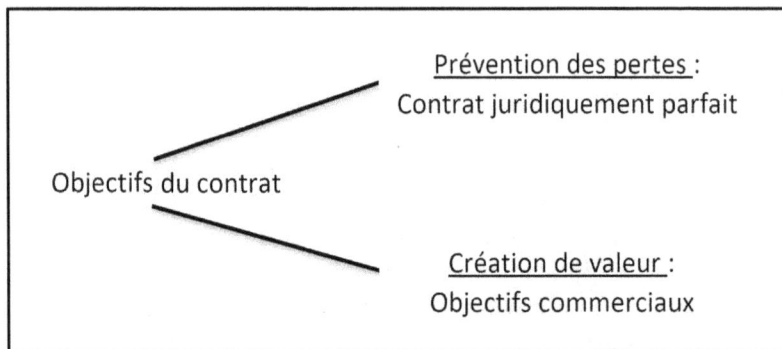

Objectifs du contrat

Prévention des pertes :
Contrat juridiquement parfait

Création de valeur :
Objectifs commerciaux

Ce chapitre se concentre sur deux approches qui peuvent être employées pour concilier la tension entre les objectifs commerciaux et juridiques d'un contrat : une stratégie d'allègement pour remodeler le contenu des contrats, et de visualisation, pour rendre les concepts juridiques plus compréhensibles.

Simplifiez vos contrats grâce une stratégie d'allègement

Une stratégie d'allègement peut permettre aux gestionnaires, ainsi qu'à leurs avocats, de remettre l'accent sur la création de valeur en minimisant la complexité juridique de leurs contrats. Cette stratégie applique des concepts de production allégée à la « production » de contrats, en se demandant si les contrats des sociétés ne peuvent pas être simplifiés par un examen des coûts et des bénéfices de plusieurs clauses contractuelles.

Par exemple, l'équipe juridique interne de la société de brassage Scottish & Newcastle a senti que la société gaspillait des ressources au cours de son processus de négociation. Leur travail pour développer ce qu'ils appellent l'approche Pathclearer de la conclusion de contrats commerciaux — qui est une forme de contrat allégé — illustre les bénéfices que l'on peut faire en réorientant sa stratégie contractuelle. Sauf indication contraire, les citations de ce chapitre concernant l'approche en question sont toutes tirées de l'article que je vous recommande chaudement, écrit par Weatherley et intitulé : « Pathclearer — A more commercial approach to drafting commercial contracts » (*PLC Law Department Quarterly*, octobre-décembre 2005).

L'objectif d'un contrat. Les avocats ont posé trois questions fondamentales de départ. D'abord, quel est l'objectif d'un contrat ? En répondant à cette question, ils ont utilisé une définition traditionnelle du contrat légal :

> [L]'unique objectif d'un contrat […] est de s'assurer que les droits et les obligations sur lesquels les parties s'accordent peuvent être appliqués au tribunal (ou par arbitrage). Encore plus simplement, la nature d'un contrat est sa capacité à contraindre quelqu'un à faire quelque chose qu'il ne veut pas faire, ou à obtenir une compensation en cas de manquement de sa part.

Avec cette définition à l'esprit, ils ont compris que certaines conditions, comme les spécifications de produit, devaient toujours être écrites, et que certains types d'accords, tels que « achats partagés, accords de prêt et garanties », demandaient des contrats écrits détaillés.

Mais ils ont également pris conscience qu'un grand nombre d'autres scénarios — par exemple, une relation à long terme entre un client et un fournisseur — demandaient une « touche juridique beaucoup plus légère ». Ils ont admis que, dans de telles situations, forcer un partenaire réticent à des obligations contractuelles, comme « résultats insatisfaisants » ou litige, entraînait des conséquences indésirables.

111

Ils sont arrivés à la conclusion que laisser les relations à long terme à « une économie de marché libre [est mieux qu'une] tentative de s'imposer des obligations contractuelles permanentes les uns aux autres. » En d'autres termes, c'est la liberté de marché qui devrait dominer la liberté traditionnelle de la philosophie contractuelle qui a conduit à détailler minutieusement les contrats écrits.

Les inconvénients des contrats traditionnels détaillés. La deuxième des trois questions fondamentales que se sont posées les avocats se concentrait sur les risques associés aux contrats traditionnels orientés sur le droit : « Quels sont les inconvénients des contrats écrits détaillés ? » En répondant à cette question, les avocats internes ont dégagé six conclusions judicieuses.

1. *Tentatives illusoires et coûteuses pour atteindre la certitude.* « La certitude et la protection apparentes d'un contrat écrit détaillé […] [sont] souvent illusoires » et peu économiques, car les sociétés paient leurs avocats d'abord pour élaborer des contrats que seuls les avocats comprennent, et ensuite pour interpréter ce que ces contrats signifient.

   L'équipe juridique interne a constaté des « tentatives étranges » de la part des avocats cherchant à atteindre une telle certitude. Par exemple, des avocats externes passaient « des heures à élaborer et à débattre de la définition juridique précise de la bière pour l'insérer dans un simple accord de fourniture de bière. » L'équipe juridique a également admis la futilité d'essayer de prédire l'avenir.

2. *La résolution de conflits.* Les contrats détaillés peuvent entraîner une résolution légaliste des conflits.

   « Sans un contrat détaillé, les gens d'affaires impliqués dans un conflit discuteront généralement du problème et trouveront un accord logique quant à la manière de le résoudre […] Toutefois, dans le

112

cadre d'un contrat détaillé, les mêmes parties se sentiront obligées de consulter leurs avocats. »

Cette conclusion me rappelle ma conversation récente avec un PDG. Selon lui, le seul objectif d'un contrat est, comme il le formule, « de donner le droit d'intenter un procès ». Quand des conflits ont éclaté entre sa société et ses clients, il a demandé à son personnel d'ignorer le contrat et de trouver une solution qui répondrait aux besoins des clients.

3. *La complexité.* La complexité des contrats est source de confusion et crée un risque que les parties soient incapables de se concentrer sur les conditions essentielles, car « les arbres cachent de plus en plus la forêt ».

4. *Conditions non nécessaires.* Le droit général des contrats offre « un terrain d'entente raisonnable à la plupart des problèmes » et « [l]a beauté de pouvoir simplement s'appuyer sur le "droit général", au lieu d'essayer d'exposer l'accord commercial dans son intégralité par un contrat écrit, c'est qu'il n'y a pas besoin de négocier les conditions non essentielles d'un marché. »

5. *La dépense.* Négocier des contrats écrits détaillés coûte cher, car cela demande du temps de gestion, du temps pour les avocats et des occasions d'affaires différées.

6. *La mauvaise direction.* À cause des contrats écrits détaillés, les parties risquent de se focaliser sur les scénarios catastrophes qui « peuvent entraîner la dégradation des relations […] [L]es relations d'affaires durables s'apparentent aux papillons. Elles sont volatiles et difficiles à capturer. Quand vous essayez de les attraper, vous risquez de les tuer.

Les avocats auraient pu ajouter à cette liste les problèmes qui surviennent lors des négociations avec des individus d'autres cultures. Comme nous l'avons vu au chapitre 5, dans des pays tels que la Chine, développer une relation avec quelqu'un en qui vous avez confiance est plus important qu'essayer de couvrir toutes les éventualités dans un contrat à rallonge.

Des enquêtes conduites par une association internationale renommée de négociateurs de contrats, l'International Association for Contract & Commercial Management (IACCM), confirment les opinions des avocats de chez Scottish. IACCM tient une enquête annuelle sur des milliers de membres (à la fois issus de pays de droit commun et de droit civil) pour déterminer les conditions de contrat les plus négociées et les conditions les plus importantes. Étonnamment, les résultats divergent. Par exemple, les cinq conditions « les plus négociées » au cours de ces dernières années (2009 à 2013/2014) sont :

1. Limitation de responsabilité.
2. Prix/Frais/Changement de prix.
3. Indemnités.
4. Propriété intellectuelle.
5. Paiement.

Aucune de ces conditions ne figure sur la dernière liste (2013/ 2014) des conditions « les plus importantes » :

1. Étendue et objectifs.
2. Responsabilités des parties.
3. Gestion des modifications.
4. Livraison/Approbation.
5. Communication et rapports.

Un compte-rendu sur les résultats de l'enquête (*2013/2014 Top Terms*) a conclu que :

> [L]a plupart des négociations business-to-business sont dominées par les discussions sur les questions financières (prix et paiement) et la répartition des risques (respons-

abilités, indemnités, sécurité des données, résultats insatisfaisants, dommages et intérêts) […] [E]lles ne contribuent pas à l'approche gagnant-gagnant que les négociateurs déclarent préférer. Dans les sondages antérieurs, près de 80 % des participants reconnaissent que les points sur lesquels se concentrent leurs négociations n'engendrent de meilleurs résultats pour aucune des parties.

D'autres moyens d'atteindre vos objectifs commerciaux. La troisième et dernière question que l'équipe juridique interne s'est posée est de savoir s'il existe d'autres moyens d'atteindre ses objectifs commerciaux sans contrats écrits détaillés. Les avocats de chez Scottish & Newcastle ont répondu par l'affirmative à cette question en se basant sur le concept d'« affinité commerciale ».

L'affinité commerciale est la force qui maintient les parties ensemble dans « des relations commerciales mutuellement bénéfiques ». L'alignement des intérêts des parties au travers de perspectives de gains soigneusement construites, combiné au droit dont dispose chaque partie de s'écarter de l'accord s'il cesse d'être économiquement intéressant, les motive à répondre aux besoins de l'autre partie et réduit le besoin d'« une myriade de droits et d'obligations tactiques dans un contrat ».

En résumé, les avocats de Scottish & Newcastle ont pris conscience qu'une approche différente est appropriée « quand les parties sont dans une relation d'affaires continue, et ne mènent pas simplement une transaction éclair » qui peut exiger un contrat écrit détaillé. Ils ne sont pas favorables à un retour intégral aux accords scellés par une seule poignée de main. Par exemple, « des accords de désengagement (tels que des obligations pour racheter des capitaux actifs au fournisseur…) doivent être formulés dans le contrat ». Mais en répondant à ces trois questions fondamentales, ils ont compris que dans de nombreux cas, des contrats allégés étaient possibles.

L'approche Pathclearer de la société, dans une relation commerciale continue, est illustrée par le contrat allégé que la société a négocié avec un fournisseur de services. Les deux parties avaient initialement un contrat de dix ans rédigé sur plus de 200 pages. Lors de la renégociation, ils ont substantiellement réduit le volume du contrat grâce à l'approche Pathclearer, qui donnait à chaque partie le droit d'y mettre un terme après un préavis de 12 mois — un « bouton nucléaire » mutuel.

> En nous donnant la capacité de mettre un terme à tout moment, nous avons évité le besoin d'avoir à négocier les conditions détaillées dans le contrat [...] C'est une façon bien plus puissante d'influencer le fournisseur de service qu'un débat technique pour savoir s'il est en conformité avec les termes rédigés dans le contrat.

Le schéma suivant illustre un contrat entre une société de bière américaine et l'un de ses fournisseurs — 23 pages plus 8 pages d'annexes.

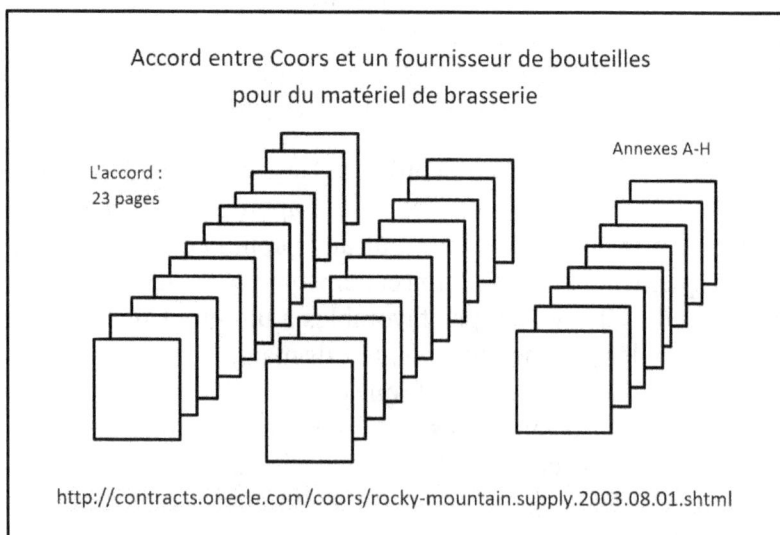

Accord entre Coors et un fournisseur de bouteilles
pour du matériel de brasserie

L'accord :
23 pages

Annexes A-H

http://contracts.onecle.com/coors/rocky-mountain.supply.2003.08.01.shtml

Comparez le contrat de Coors avec un contrat fournisseur Path-clearer — une page plus un document attaché.

Accord de fourniture Scottish & Newcastle (bouteilles, etc.)

L'accord :
1 page + 1 annexe

Accord de fourniture Pathclearer, http://ld.practicallaw.com/0-201-3576

Utilisez la visualisation pour comprendre vos négociations et vos contrats

Comme l'illustrent les diagrammes des contrats, une image peut valoir mille mots. Vous servir d'images et d'autres formes de visualisation peut vous aider à clarifier vos décisions de négociation et mieux comprendre les conditions contractuelles que vous êtes en train de négocier.

Visualisez vos décisions lors d'une négociation. En allégeant vos contrats, vous pourrez être en mesure d'éliminer ou d'assouplir certaines clauses qui augmentent le coût de vos négociations contractuelles. La visualisation peut vous aider à identifier ces clauses.

Par exemple, une clause d'indemnité dans les contrats de Microsoft a entraîné de nombreuses négociations qui se sont prolongées de 60 à 90 jours, car les clients ne voulaient pas accorder l'indemnité requise par Microsoft. Microsoft a assoupli la clause après avoir réalisé que les bénéfices de la clause étaient minimes comparés aux coûts potentiels en réputation (qui résultent des négociations conflictuelles), aux coûts en ressources (temps des avocats et des gestionnaires) et aux coûts de trésorerie (dus au retard des ventes pendant les deux ou trois mois supplémentaires qu'a durés la négociation du contrat).

Dans la description et le commentaire de ces coûts, Tim Cummins, PDG d'IACCM, en a conclu que : « [l]a gestion du risque, c'est un équilibre entre la conséquence et la probabilité. Voilà un exemple dans lequel la conséquence a été gérée indépendamment de la probabilité — et par conséquent, d'autres risques et expositions [tels que les coûts en réputation et en ressources] sont devenus inévitables. » (« Best practices in commercial contracting », dans le livre *A Proactive Approach*)

Les arbres de décision, dont nous avons parlé au chapitre 3, sont utiles pour visualiser les décisions en négociation qui équilibrent le risque et la probabilité, comme celles auxquelles Microsoft a dû faire face. Partons du principe que la clause en question fournit à Microsoft 20 millions de dollars d'indemnités et qu'il y a 1 % de chances que la société perde 20 millions de dollars et fasse ainsi appel à la clause. (Cette probabilité peut être estimée sur la base des expériences passées. En pratique, les chances qu'une telle clause soit invoquée sont probablement inférieures à 1 %.)

Imaginons que le temps nécessaire aux avocats et gestionnaires pour négocier l'indemnité et les coûts en trésorerie résultant des ventes retardées pendant la durée des négociations équivalent à 1 million de dollars. Dans les faits, Microsoft paierait 1 million pour l'équivalent d'une police d'assurance à 20 millions. Étant donné ces suppositions, Microsoft devrait-il payer 1 million de dollars pour cette « assurance » ?

L'arbre de décision qui suit représente le 1 pour cent de chances que Microsoft perde 20 millions de dollars s'il abandonne l'exigence d'une clause d'indemnités et les 99 pour cent de chances qu'il ne perde rien. On obtient une valeur attendue de -200 000 $ (0,99 × 0 plus 0,01 × 2 millions de dollars). En se basant sur ces valeurs et probabilités vraisemblables (et sans prendre en compte son attitude vis-à-vis des risques), Microsoft a pris une décision sage en assouplissant sa position lors des négociations.

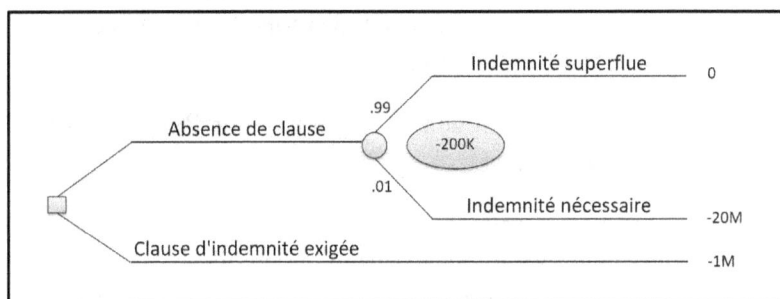

Dans ce cas, nous avons fait la supposition que les coûts de négociation de Microsoft étaient de 1 million de dollars. Parfois, les occasions perdues à cause d'un ralentissement des négociations sont bien plus importantes. Par exemple, un éminent avocat spécialisé dans le pétrole et le gaz m'a raconté qu'il représentait une société qui avait négocié la vente d'une propriété à un acheteur pour 30 millions de dollars. La signature du contrat fut retardée quand le cabinet juridique de l'acheteur insista sur une clause qui immunisait l'acheteur dans le cas d'un événement peu probable. Pendant que les négociations à propos de cette clause allaient bon train, un autre acheteur proposa de payer 100 millions de dollars pour acheter la propriété. Parce que le cabinet juridique désirait obtenir un contrat légal parfait, cela a coûté au client plus de 70 millions de dollars !

Visualisez les clauses contractuelles et autres documents juridiques. La visualisation peut aussi vous aider à mieux comprendre les conditions, dans un contrat ou d'autres documents juridiques complexes. Par exemple, les contrats sont souvent remplis de clauses comme celle qui suit, un défi pour les compétences cognitives des négociateurs :

> Cet accord sera valide pour une période initiale de trois (3) ans à compter de la date de signature. À moins que l'une ou l'autre partie signifie sa résiliation au moins six (6) mois avant l'expiration de la période de trois ans, il restera en vigueur jusqu'à nouvel avis, avec une période de préavis d'au moins trois (3) mois. Le préavis doit être remis sous forme écrite.

> (Adapté de Framework Agreement for Purchasing Services, par Ruuki)

Dans le diagramme suivant, les chefs de file du mouvement de visualisation, Stefania Passera et Helena Haapio (ma co-auteure régulière), montrent comment la visualisation peut clarifier le sens de cette clause.

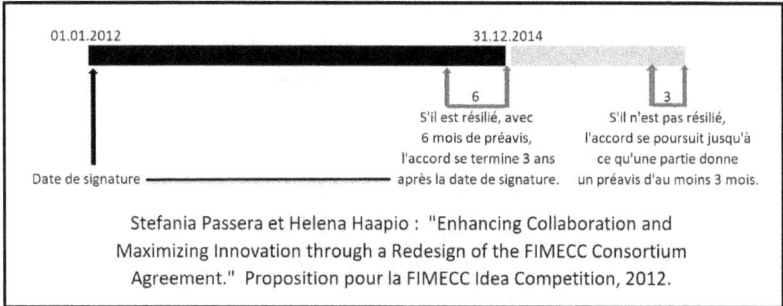

01.01.2012   31.12.2014

6
S'il est résilié, avec
6 mois de préavis,
l'accord se termine 3 ans
Date de signature — après la date de signature.

3
S'il n'est pas résilié,
l'accord se poursuit jusqu'à
ce qu'une partie donne
un préavis d'au moins 3 mois.

Stefania Passera et Helena Haapio : "Enhancing Collaboration and Maximizing Innovation through a Redesign of the FIMECC Consortium Agreement." Proposition pour la FIMECC Idea Competition, 2012.

Un autre exemple illustre l'utilité de la visualisation pour d'autres formes de documents juridiques complexes. En 2013, Helena Haapio m'a invité à un Legal Design Jam, une session marathon de conception juridique pour visualiser la politique sur la marque de commerce Wikimedia Foundation. Elle y était animatrice, avec Stefania Passera, Margaret Hagen de Stanford et Yana Welinder, conseillère juridique de la fondation. Le petit groupe de participants comptait un mélange de concepteurs et d'avocats.

Avant l'effort de remaniement, la politique générale de la marque était un document juridique classique, long et dense. La session de Legal Design Jam permit d'obtenir une politique révisée tout en couleurs et aérée : http://wikimediafoundation.org/wiki/Trade mark_policy.

Sur ce site web, une coche verte est employée pour signaler les situations dans lesquelles les utilisateurs peuvent utiliser librement les marques, comme lorsqu'elles servent à débattre des sites Wikimedia dans des travaux littéraires. Un point d'interrogation orange est employé dans des situations où une permission est requise (comme lorsque vous voulez « utiliser le logo de Wikimedia dans un film ») et une croix rouge indique que c'est interdit (par exemple, si vous créez un site web imitant le site Wikimedia).

À retenir. L'emploi de la visualisation par des arbres de décision, des schémas, des diagrammes et des couleurs peut clarifier vos décisions en négociation et votre compréhension de documents juridiques complexes.

IV ATTEINDRE SON OBJECTIF

10. Exécuter et évaluer son accord

10 Exécuter et évaluer son accord

Il va de soi que la majeure partie des contrats se déroulent sans complications exceptionnelles. Notre objectif, dans ce chapitre, est d'aborder des situations qui posent problème. Le chapitre met l'accent sur des options alternatives au contentieux destinées à vous éviter de vous retrouver avec votre vis-à-vis devant un tribunal. Comme nous l'avons vu dans le chapitre 2, ces solutions alternatives sont regroupées sous le titre collectif de « modes alternatifs de résolution des conflits » (MARC).

Il est important de comprendre le fonctionnement des MARC pour trois raisons. D'abord, au cours de vos négociations d'affaires, vous devez décider si vous intégrez les MARC à votre discussion. Pour comprendre ce que vous êtes en train de négocier, vous devez comprendre les bases des deux démarches essentielles de MARC, la médiation et l'arbitrage.

Même lorsque votre avocat est impliqué dans les négociations, vous aurez peut-être à prendre la tête des opérations pour négocier les clauses concernant les MARC. D'après une étude, environ un tiers des avocats « n'ont jamais conseillé à leurs clients d'essayer la médiation ou l'arbitrage ». (« Attorneys' Use of ADR is Crucial to Their Willingness to Recommend It to Clients », Dispute Resolution Magazine, hiver 2000) Voici ce que le célèbre plaideur Joe Jamail disait à propos de la médiation : « Je suis un avocat plaidant […] Il existe certains avocats qui ne font rien d'autre que cette médiation de m****. Vous savez quelle est la racine du mot médiation ? Médiocrité ! » (« Lions of the Trial Bar », *ABA Journal*, mars 2009)

En revanche, de nombreux avocats sont enthousiastes à l'égard des MARC. C'est peut-être Gandhi qui l'exprimait le mieux :

> Ma joie était sans limites. J'avais appris la véritable pratique du droit. J'avais appris à découvrir le meilleur côté de la nature humaine et à entrer dans le cœur des hommes. J'ai compris que la véritable fonction d'un avocat était d'unir les parties […] La leçon était gravée en moi de manière si indélébile qu'une grande partie de mon temps au cours de mes 20 dernières années d'exercice en tant qu'avocat a consisté à obtenir des compromis en privé sur des centaines d'affaires. Ce faisant, je n'ai rien perdu — pas même de l'argent, et encore moins mon âme.

(Gandhi, Autobiographie ou mes expériences de vérité)

La deuxième raison pour laquelle il est important de comprendre les démarches de MARC, c'est que vous pouvez devenir un participant dans ces démarches au cas où un conflit surviendrait à propos de l'exécution d'un contrat. Si vous vous êtes décidé pour l'arbitrage, vous participerez à la sélection de l'arbitre et vous devrez décider si vous avez besoin d'un avocat, ou encore comprendre si vous pouvez faire appel de la décision de l'arbitre, etc.

Troisièmement, au cours de votre vie personnelle et professionnelle, vous jouerez souvent le rôle d'une tierce partie pour résoudre des conflits au travail ou des disputes familiales. Au minimum, vous devez être capable de décider s'il vaut mieux agir en tant qu'arbitre ou si le rôle de médiateur est plus logique.

Ce chapitre s'ouvre sur un sujet parfois négligé lorsqu'il s'agit des MARC : la prévention des conflits. Puis nous nous penchons sur les deux démarches essentielles de MARC — l'arbitrage et la médiation — et nous abordons la question des outils de MARC que vous pouvez utiliser pour mettre en œuvre ces procédures. Le chapitre se terminera sur un examen des concepts qui vous aideront à réviser, évaluer et améliorer vos négociations.

PRÉVENIR LES CONFLITS

La prévention des conflits se concentre sur ce que les gens font plutôt que sur ce que les tribunaux peuvent décider. Pour reprendre les termes du professeur Edward Dauer : « Le premier principe du droit préventif est qu'il est souvent plus important de prévoir ce que les gens feront que de prévoir ce qu'un tribunal fera. » (*Corporate Dispute Management*) L'une des logiques qui sous-tendent ce principe fut douloureusement apprise par le philosophe Voltaire : « Je me suis ruiné deux fois : la première fois pour avoir perdu un procès, la seconde fois pour en avoir gagné un. »

J'ai moi-même fait directement l'expérience de la prévention de conflit il y a plusieurs années, après avoir passé une nuit dans un hôtel Marriott au Texas. Je devais donner des conseils juridiques à un groupe de chefs d'entreprise le lendemain matin et j'ai demandé à la réception que l'on m'appelle pour me réveiller. Je n'ai jamais reçu cet appel.

Avant de partir, j'ai mentionné l'appel oublié en remplissant la fiche de satisfaction de l'hôtel. Quelques semaines plus tard, le président de Marriott, Bill Marriott, m'a envoyé un message personnel chez moi, à Stanford, en Californie, où j'enseignais à l'époque. Dans le message, il s'excusait pour l'appel oublié et précisait qu'il avait demandé au responsable de l'hôtel de mener son enquête sur le sujet.

Un autre hôtel a adopté une approche différente suite à un incident tragique très médiatisé. La vedette internationale de la chanson, Connie Francis, a été violée par un intrus lors de son séjour dans un Howard Johnson Motor Lodge. Sa réaction : « Je n'ai jamais reçu ne serait-ce qu'un mot de la part de M. Howard B. Johnson me disant "Nous sommes désolés de ce qui est arrivé." Une fois le choc passé, je me suis sentie très en colère. » (*New York Times*, 2 juillet 1976) Furieuse, elle a poursuivi l'hôtel et a fini par gagner 2,5 millions de dollars.

Nous ne pouvons que spéculer sur la raison pour laquelle l'hôtel n'a jamais pris contact avec Connie Francis. Sans doute les dirigeants de la société ont-ils suivi l'approche traditionnelle en demandant à leurs avocats si un tribunal risquait de les tenir responsables — en se basant sur ce qu'un tribunal ferait. Les avocats ont peut-être répondu que l'hôtel ne devrait pas être tenu responsable pour les actes d'une tierce partie indépendante (du moins d'après les lois de l'époque) et ils sont peut-être allés plus loin en conseillant les dirigeants de la société de ne pas contacter la chanteuse ni de faire quoi que ce soit susceptible de les désigner comme responsables. C'était l'approche traditionnelle, qui tranche avec les excuses du Marriott.

Ces deux exemples illustrent des situations dans lesquelles des hôtels ont (Marriott) et n'ont pas (Howard Johnson) utilisé une approche de droit préventive *après* la manifestation d'un problème. Vous pouvez aussi intégrer une approche préventive dans vos contrats avant que les incidents ne surviennent. Par exemple, l'industrie du bâtiment utilise un procédé appelé « partenariat ». Même s'il en existe plusieurs variantes, voici son format habituel, comme décrit dans *The Construction Industry's Guide to Dispute Avoidance and Resolution* publié par l'American Arbitration Association (AAA).

> [L]es représentants des parties prenantes du projet assistent à des ateliers de pré-construction afin d'apprendre à se connaître et à partager leurs préoccupations. Des animateurs neutres guident les discussions à propos du projet, des objectifs individuels spécifiques et des emplois du temps. C'est pendant ces réunions que les participants développent des moyens pour reconnaître les risques susceptibles de créer des obstacles au succès du projet. Ils développent des méthodes pour éviter, contrôler ou traiter les sources de conflits potentielles. Le résultat final est un accord conjoint signé par les participants de l'atelier, qui établit leurs objectifs et exprime leur engagement sur le projet.

À retenir. Au cours des négociations, envisagez d'ajouter une clause de prévention des conflits à vos contrats.

SERVEZ-VOUS DE L'ARBITRAGE POUR RÉSOUDRE VOS CONFLITS CONTRACTUELS

À présent, penchons-nous sur la première des deux démarches fondamentales de MARC — l'arbitrage. Les accords visant à résoudre les conflits par l'arbitrage se retrouvent dans de nombreux aspects de nos vies personnelles. Si vous utilisez une carte de crédit, contractez une assurance automobile, achetez des actions, achetez sur eBay ou Amazon, vous avez sans doute accepté l'arbitrage de vos conflits. Par exemple, mon (et votre) accord d'arbitrage avec Amazon stipule :

> Tout conflit ou réclamation lié en quelque façon à votre utilisation d'Amazon Service, ou à tout produit ou service vendu ou distribué par Amazon ou via Amazon.com sera résolu par arbitrage exécutoire, et non au tribunal […] Il n'y a ni juge ni jury dans un arbitrage, et l'examen devant tribunal d'une décision arbitrale est limité.

Au-delà des accords auprès des consommateurs, l'arbitrage est un procédé classique de résolution des conflits en affaires, qui est même employé pour résoudre des conflits avec les gouvernements. En 2014, un tribunal d'arbitrage international a décidé que la Russie devait 50 milliards de dollars aux actionnaires de Yukos en compensation des actifs de l'entreprise qui avaient été saisis. (« Now Try Collecting », *The Economist*, 2 août 2014)

Le procédé de l'arbitrage

Le procédé de l'arbitrage suit généralement cet ordre, mentionné dans *A Guide to Mediation and Arbitration for Business People* (AAA).

Accord. Dans la majeure partie des situations, l'arbitrage n'est pas utilisé si vous n'en avez pas d'abord accepté le procédé. Vous pouvez signifier votre accord lorsque vous vous engagez par contrat, comme dans l'exemple d'Amazon, où au moment où un conflit éclate.

Choisir un arbitre. Votre accord peut prévoir qu'un service d'arbitrage, tel que l'American Arbitration Association, fournisse une liste de médiateurs potentiels à partir d'un fichier qu'il met à jour. Si vous et l'autre partie ne parvenez pas à vous accorder sur un médiateur de la liste, le service peut en nommer un pour vous.

Vous pouvez aussi utiliser une approche plus informelle en choisissant un médiateur. Par exemple, si vous êtes en train de créer un partenariat avec une autre personne, vous pouvez prévoir dans votre accord que dans l'éventualité d'un conflit, chacun de vous désignera un médiateur, et que ces deux médiateurs en choisiront alors un troisième.

Audition et indemnité. L'audition pour l'arbitrage ressemble beaucoup à un procès au tribunal et vous devez décider si vous serez représenté par un avocat. Le médiateur a le pouvoir d'assigner des témoins à comparaître si nécessaire. L'audition commencera par une déclaration d'introduction, suivie de l'interrogatoire et du contre-interrogatoire des témoins, puis d'une déclaration finale.

À la différence du litige, l'audition est privée et le médiateur fera normalement appel au bon sens plutôt qu'à des règles techniques de procédures juridiques en décidant quelle preuve est pertinente pour l'affaire.

Suite à l'audition, le médiateur prendra une décision. Même si ce n'est pas toujours le cas, le médiateur pourra prendre une décision sans prévoir d'en motiver la logique. Si la partie perdante ne se conforme pas à la décision, cette dernière pourra être juridiquement appliquée par un tribunal.

Les appels

Parce que la politique publique est favorable à l'irrévocabilité des décisions de l'arbitrage, la possibilité de faire appel d'une décision par le biais du système juridique est limitée. Si les tribunaux peuvent infirmer une décision lorsque, par exemple, le médiateur est engagé par corruption ou par fraude, en règle générale ils n'interviendront pas, même si le médiateur commet une erreur par rapport aux faits ou au droit.

Cette règle de l'irrévocabilité est citée par un tribunal californien dans *Palo Alto c. Service Employees International Union* (91 Cal. Rptr.2d 500). Un employé de la ville de Palo Alto a menacé d'autres employés avec violence physique, allant même jusqu'à menacer de les abattre. Ses collègues ont traité ces menaces comme des plaisanteries. L'employé a également dit qu'il pouvait tuer quelqu'un à 550 mètres de distance. Il possédait 18 fusils et pistolets et avait une plaque minéralogique personnalisée sur laquelle était écrit : « SHOOOT »[1].

Suite à une dispute, l'employé en question a menacé d'abattre un autre employé, ainsi que la femme et le bébé de ce dernier. Il fut alors arrêté pour menace terroriste, avant de plaider coupable pour trouble à l'ordre public. La ville obtint également une injonction qui empêchait l'employé d'entrer en contact avec la personne qu'il avait menacée et décida de mettre un terme à son emploi.

Puis la décision de la ville fut soumise à un médiateur, comme requis par la convention collective. Le médiateur décida, entre autres choses, que les menaces étaient « des chamailleries anodines » tolérées sur le lieu de travail, et qu'elles n'étaient pas sincères. Par conséquent, il ordonna que l'employé soit réintégré à son poste et reçoive ses arriérés de salaire.

En appel, le tribunal a cité un précédent selon lequel « la révision

---

[1] « Feu ! »

131

juridique d'une décision d'arbitrage est extrêmement réduite » et que « la décision d'un médiateur n'est généralement pas révocable pour des erreurs de fait ou de droit [même lorsqu'elle] entraîne une injustice substantielle aux parties. » (Cependant, dans un revirement inhabituel, le tribunal a finalement décidé que l'employé ne pouvait pas être réintégré dans cette affaire à cause de l'injonction antérieure.)

Si vous voulez employer l'arbitrage, mais que vous craignez de placer trop de pouvoir entre les mains d'un médiateur dont la décision ne peut pas être remise en question, vous pouvez essayer de négocier un accord qui inclut un procédé en appel. Par exemple, en novembre 2013, l'American Arbitration Association a adopté des règles permettant le recours à un ensemble de médiateurs pour réviser « les erreurs juridiques matérielles et préjudiciables, et la détermination de faits clairement erronés ». (AAA, *Optional Appellate Arbitration Rules*)

Comprendre les coûts de l'arbitrage

Les négociateurs tentent souvent d'intégrer des accords d'arbitrage à leurs contrats, en raison des économies engendrées. Toutefois, certains aspects de l'arbitrage peuvent s'avérer encore plus coûteux que le litige. D'après des estimations financières d'experts du Texas, de Floride et de Pennsylvanie, l'arbitrage d'un conflit dans le domaine de la construction, à hauteur de 600 000 $, coûterait 25 400 $ de frais de dossier et de traitement, ainsi que la rémunération du médiateur. Les coûts équivalents dans le cas d'un litige n'excèderaient pas les 300 $ de frais de dossier (car le traitement, le juge et la salle d'audience sont gratuits).

Cependant, les coûts juridiques totaux seraient de 120 300 $, en comparaison avec 94 500 $ pour l'arbitrage. L'une des raisons est que les frais juridiques dans le cas d'un procès sont bien plus élevés. Les frais juridiques pour la préparation et le déroulement du procès seulement sont de 12 000 $ plus élevés que pour la mise en place d'une audience d'arbitrage. Et un appel de la décision du tribunal augmenterait considérablement la différence de coûts. (« Comparing Cost in Construction Arbitration & Litigation », *Dispute Resolution Journal*, mai/juillet 2007)

À retenir. Gardez à l'esprit deux facteurs importants lorsque vous décidez s'il convient de négocier l'ajout d'une clause d'arbitrage à votre contrat. D'abord, dans la plupart des cas, l'appel à la décision de l'arbitrage ne sera pas autorisé, et par conséquent l'arbitre sera votre juge, votre jury et votre cour d'appel. Ensuite, les procédures d'arbitrage peuvent ne pas être aussi économiques qu'on le pense, mais demeurent tout de même moins chères que le litige.

UTILISER LA MÉDIATION POUR RÉSOUDRE LES CONFLITS CONTRACTUELS

Types de médiation

La médiation est la seconde des deux démarches fondamentales de MARC. Par définition, la médiation est une négociation assistée par une tierce partie. Traditionnellement, le but de la médiation était de résoudre un problème spécifique en utilisant l'un de deux procédés de médiation. Dans le premier procédé, la médiation facilitative, le rôle du médiateur est de faciliter la discussion entre les parties et la résolution de leurs problèmes. Dans le second procédé, la médiation évaluative, on demande également au médiateur d'évaluer les mérites de chaque partie sans toutefois prendre de décision (contrairement à l'arbitrage).

Au cours de ces dernières années, une troisième option a fait son apparition — la médiation transformative. Si la médiation transformative peut aussi permettre de résoudre un problème spécifique, son objectif ultime est d'améliorer la relation entre les deux parties. Lorsque le service des postes américain a adopté la médiation transformative dans les années 1990, il a économisé des millions de dollars de frais juridiques tout en améliorant sa productivité. («Companies Adopting Postal Service Grievance Process», *New York Times*, 6 septembre 2000)

Un jour, j'ai demandé à une connaissance qui avait effectué des recherches sur la médiation au service postal si elle avait des exemples de médiation transformative. Elle m'a parlé d'une factrice qui avait déposé un dossier de harcèlement sexuel contre son superviseur. Par la médiation transformative, les parties avaient découvert que le véritable problème provenait de leur relation. Le superviseur s'adressait à la factrice et aux autres subalternes par leurs numéros de trajets ; l'employée des postes trouvait que c'était déshumanisant. Une fois que leur relation fut arrangée et que le superviseur eut pris l'habitude de s'adresser à la factrice personnellement, la plainte fut retirée.

Le caucus

Un outil particulièrement efficace employé par de nombreux médiateurs est le caucus. Avec un caucus, le médiateur rencontre chaque partie séparément pour discuter de leurs intérêts et de leurs positions. Le médiateur garde ces informations confidentielles si les parties le souhaitent.

Par ce procédé, le médiateur peut dresser une analyse de négociation incluant le prix de réserve de chaque partie, l'estimation « la plus vraisemblable », la MESORE (meilleure solution de rechange) et la ZAP (zone d'accord possible). Le médiateur peut alors aider les parties à trouver un accord au sein de cette zone ou, s'il n'existe aucune zone, les aviser que la médiation est une perte de temps.

À retenir. Gardez à l'esprit qu'il existe trois types de médiation. Choisissez un médiateur dont les compétences correspondent au procédé que vous avez sélectionné.

MONTREZ-VOUS CRÉATIF EN UTILISANT UNE DÉMARCHE DE MARC

Les deux modèles principaux de résolution de conflits — arbitrage et médiation — fournissent de nombreuses occasions de se montrer créatif et innovant. Dans une affaire qui dépassait les limites de la créativité, un juge, apparemment lassé par l'habitude qu'avaient les parties de s'appuyer sur les tribunaux fédéraux, décida de « modeler une nouvelle forme de résolution alternative des conflits, à savoir : à 16 h, le vendredi 30 juin 2006, le conseil doit se retrouver dans un endroit neutre [...] [et] s'engager dans une partie de "pierre, feuille, ciseaux" pour déterminer qui remporte la proposition. » (*Avista Management c. Wausau Underwriters*, 2006 AMC 1569)

Le mini-procès et la location de juge sont deux exemples majeurs des variantes que peuvent offrir la médiation et l'arbitrage.

Mini-procès

Le mini-procès est une variante de la démarche de médiation. Le prototype du mini-procès portait sur une affaire de propriété intellectuelle à 6 millions de dollars déposée par Telecredit contre TRW. Cette action en justice commençait comme n'importe quelle autre. Les parties dépensèrent près de 500 000 $ et échangèrent 100 000 documents, sans qu'aucune résolution ne s'en dégage. Devant la lenteur du déroulement du litige, les responsables des deux sociétés créèrent une procédure structurée que l'on appela mini-procès.

La procédure impliquait essentiellement cinq intervenants : un avocat et un représentant de chaque partie, ainsi qu'un expert de la propriété intellectuelle neutre. Les avocats avaient chacun une demi-journée pour expliquer leurs versions respectives de l'affaire et pour répondre aux questions que leur poseraient les représentants. Au cours d'une brève réunion, ces derniers résolvaient alors l'affaire.

Les économies estimées en frais juridiques étaient d'environ 1 million de dollars. Par cette démarche, les représentants étaient en mesure d'entendre l'affaire telle que présentée par l'avocat de l'autre partie (qui pouvait être très différente de ce qu'ils avaient entendu jusqu'à présent de la part de leurs propres avocats). Ils étaient aussi capables de résoudre l'affaire en suivant une certaine logique commerciale, par opposition avec une décision de justice classique entraînant un résultat à somme nulle (dans laquelle, en l'occurrence, une partie gagne et l'autre perd 6 millions de dollars).

Location de juge

La location de juge est une variante du modèle de l'arbitrage. Bien que l'audition soit similaire à un procès, l'option de location de juge propose les mêmes avantages que les autres formes d'arbitrage. Quand Brad Pitt et Jennifer Anniston firent appel à la location de juge pour gérer leur divorce en 2005, ils purent choisir leur propre juge (sans doute un juge familier avec les procédures de divorce). Ils furent également en mesure de conclure la démarche de divorce rapidement tout en respectant leur vie privée, car la presse n'était pas autorisée à l'audience. Pour plus d'informations, consultez : http://www.npr.org/templates/story/story.php?storyId=4812658.

Utilisez les MARC pour conclure des marchés

Historiquement, les démarches telles que l'arbitrage et la médiation sont utilisées comme des alternatives au litige permettant de résoudre des conflits. Toutefois, ces dernières années, ces procédés sont de plus en plus utilisés pour négocier des accords. La médiation est particulièrement prometteuse, car l'emploi d'un caucus permet aux médiateurs de préparer une analyse de négociation prenant en compte les informations confidentielles de chaque partie.

D'après une étude, près de 40 % des médiateurs interrogés ont utilisé la médiation pour des affaires allant de 100 000 $ à 26 millions. Parmi les exemples d'accords, on compte des investissements par investisseurs providentiels, des partenariats entre médecins, la vente de droits de télévision par câble, ou encore une entreprise conjointe de logiciels. (http://www.pon.harvard.edu/daily/mediation/mediation-in-transactional-negotiation-2/)

L'arbitrage est également une possibilité de résoudre des questions difficiles qui surviennent lors des négociations. L'arbitrage en baseball est un exemple très médiatisé employé lorsque les joueurs sont impliqués dans des conflits de salaires avec leurs équipes. L'aspect unique de l'arbitrage dans le cadre du baseball est que chaque partie soumet un chiffre final au médiateur, qui doit alors choisir l'une des deux propositions.

Par exemple, disons que les négociations entre le Lanceur qui demande un salaire de 20 millions de dollars et l'Équipe qui n'en offre que 10 millions débouchent sur une impasse. S'ils font appel à la forme d'arbitrage employée dans le baseball, le Lanceur et l'Équipe soumettent séparément une proposition de salaire au médiateur, qui doit choisir l'un des deux montants. Comme chaque partie souhaite que le médiateur choisisse son chiffre, chacun sera plus enclin à proposer un montant plus raisonnable que lors des échanges initiaux. Si elle est couramment utilisée pour faciliter les négociations dans le milieu du baseball, cette forme d'arbitrage peut être utilisée dans n'importe quel type de négociation d'affaires.

À retenir. Pensez de manière créative lorsque vous développez une démarche de MARC. Envisagez d'utiliser les démarches de MARC lorsque vous passez des accords commerciaux.

QUATRE OUTILS MAJEURS DE MARC

Quatre outils de MARC sont particulièrement utiles dans le cadre des conflits d'affaires : une charte d'entreprise, des filtres, des clauses contractuelles et des ressources en ligne.

La charte d'entreprise

L'International Institute for Conflict Prevention & Resolution (CPR) fut pionnier dans le développement d'une charte que les sociétés pouvaient adopter en tant que déclaration de leur politique d'entreprise. La phrase clé de cette charte stipule : « Dans l'éventualité d'un conflit professionnel entre notre société et une autre société ayant adopté ou adoptant alors une charte similaire, nous sommes prêts à explorer avec cette autre partie des résolutions de conflits par le biais de la négociation ou de techniques de MARC avant d'entreprendre un véritable litige. » Plus de 4000 sociétés en fonctionnement ont adopté cette politique. (http://www.cpradr.org/Home.aspx)

Cette charte est particulièrement utile si l'on considère la tendance à la dévaluation réactive abordée au chapitre 7. Si vous êtes impliqué dans un conflit et suggérez une démarche de MARC, l'autre partie peut réagir à la proposition en la dévaluant, croyant sans doute que votre suggestion est un signe de faiblesse. Cette réaction peut être amoindrie si vous déclarez que la proposition est le résultat d'une politique d'entreprise pré-existante en faveur des MARC.

Les filtres

Les filtres sont une série de questions conçues pour aider les parties à choisir une forme exécutoire ou non exécutoire de résolution des conflits. Les démarches exécutoires sont l'arbitrage et le litige ; les démarches non exécutoires sont la médiation et la négociation.

CPR publie un guide particulièrement utile, *ADR Suitability Guide*, qui présente un filtre de médiation. En aidant les parties en conflit à se prononcer ou non en faveur de la médiation, le filtre pose des questions orientées, entre autres, sur les facteurs suivants :

- La relation entre les parties.

- L'importance du contrôle sur le déroulement et la décision.

- L'importance de la découverte.

- Les chances de succès devant un tribunal.

- Le coût du litige.

- L'importance de la vitesse et de la confidentialité.

- Le pouvoir relatif des deux parties.

Les clauses contractuelles

Les parties peuvent engager un contrat de MARC lors de leurs négociations d'affaires initiales, avant tout conflit, ou elles peuvent attendre qu'un conflit éclate. Les accords post-conflits sont souvent difficiles à négocier, car la relation entre les parties s'est détériorée. Voici un exemple d'accord pré-conflit, extrait de la lettre d'Oracle offrant à Mark Hurd le poste de président :

> Vous et Oracle comprenez et acceptez que tout conflit ou plainte existant ou futur engendré par ou lié à votre emploi chez Oracle, ou à la cessation de cet emploi, sera résolu par un arbitrage final et exécutoire, et qu'aucune autre tribune de résolution de conflits ne sera disponible pour aucune partie, à l'exception des demandes identifiées ci-dessous. La décision du médiateur sera finale et exécutoire pour vous et Oracle, et elle sera juridiquement applicable par n'importe quel tribunal compétent.
>
> (http://contracts.onecle.com/oracle/hurd-offer-2010-09-02.shtml)

Les clauses contractuelles de MARC peuvent ne prévoir qu'une seule démarche, comme la clause d'arbitrage Hurd, ou les démarches peuvent être associées. Par exemple, les parties peuvent accepter d'utiliser la négociation et/ou la médiation avant de se tourner vers l'arbitrage.

Résolution en ligne des conflits (ODR)

Au cours de ces dernières années, les avancées technologiques ont permis aux MARC de devenir des ODR[2]. Les systèmes en ligne permettent aux parties de faire appel à la négociation, la médiation et l'arbitrage pour résoudre leurs conflits personnels et professionnels.

Votre décision d'utiliser la résolution en ligne des conflits implique une analyse coûts-bénéfices. D'un côté, les démarches en ligne réduisent les coûts de déplacement et sont pratiques. En revanche, il est prouvé qu'elles sont moins efficaces — notamment car il est difficile de bâtir une relation avec l'autre partie. (Comme souligné dans le chapitre 5, apprendre à connaître l'autre partie est un aspect particulièrement important de la négociation). Une façon de surmonter ce problème est de combiner la négociation en présence avec les ODR en ligne, en programmant une rencontre réelle au début de la négociation avant de passer à la phase dématérialisée.

À retenir. En mettant en œuvre les démarches MARC, servez-vous des quatre outils décrits dans cette section : la charte politique, les filtres, les clauses contractuelles et les ODR.

RELISEZ ET ÉVALUEZ VOTRE NÉGOCIATION

Passer des contrats est une compétence commerciale qui se situe au cœur même de la création de valeur et de l'avantage compétitif. Il est peu probable qu'une entreprise puisse survivre, et encore

---

[2] Online Dispute Resolution, en anglais (Résolution de conflits en ligne)

moins prospérer, sans des contrats financièrement fructueux. Étant donné l'importance du rôle des contrats dans le succès d'une société, il est essentiel de savoir évaluer leur négociation et leur exécution.

L'ultime question à se poser au cours d'une évaluation est : le contrat a-t-il été correctement réalisé ? Si de nombreux facteurs entrent en jeu dans ce qui fait la réussite d'un contrat, le processus de négociation fait partie des plus importants. Cette section vous propose des suggestions pour le réexaminer.

Relecture générale de la négociation

Lors d'une relecture post-négociation, vous pourriez être tenté de vous concentrer sur les points qui ont demandé le plus de temps aux négociateurs au lieu des points sur lesquels ils auraient dû en passer davantage. Comme souligné au chapitre 9, des sondages de l'International Association for Contract & Commercial Management (IACCM) ont mené à la conclusion que les conditions contractuelles « les plus négociées » n'étaient pas « les plus importantes ». Au lieu de concentrer votre relecture sur les conditions « les plus négociées » (telles que les limites de responsabilité, les indemnités et le paiement), consacrez plus de temps aux conditions « les plus importantes » (comme l'étendue et les objectifs, les responsabilités des parties et la gestion des changements).

En plus de faire basculer votre attention des points « les plus négociés » aux « plus importants », demandez-vous si vous employez les bonnes mesures d'évaluation de la réussite, et si ces mesures sont liées aux perspectives des négociateurs au sein de votre organisme. Ces deux questions sont approfondies dans un article exceptionnel de Danny Ertel, dans le *Harvard Business Review*, intitulé « Turning Negotiation into a Corporate Capability ».

Ertel remarque que du côté de l'acheteur, au lieu d'associer les perspectives aux rabais sur le prix obtenus par les acheteurs, les sociétés créatives se concentrent sur « le rendement opérationnel obtenu grâce au recours à tel fournisseur, les réductions des défauts que permet le fournisseur, et même le rôle du fournisseur dans le développement d'un produit ou les innovations de services ». Du point de vue du vendeur, les perspectives peuvent être liées à la durée des relations du client avec la société, aux innovations que ces relations permettent et aux recommandations commerciales qui en découlent.

Identifiez les tensions entre la passation du marché et sa mise en œuvre

En plus de votre relecture générale des négociations, il est un aspect de la négociation et de l'exécution des contrats qui mérite une attention toute particulière. La distinction entre les décideurs du contrat et les personnes responsables de son application crée parfois des tensions qui entravent sa mise en œuvre.

Par exemple, une grande société internationale de conseil a remarqué que ses équipes de mise en œuvre devaient passer un temps considérable à renégocier des contrats passés par les décideurs. Ils m'ont demandé de donner un séminaire à Paris au printemps sur la manière de renégocier les contrats. En entendant « Paris » et « printemps », j'ai aussitôt accepté d'organiser le séminaire, avant de réaliser que je n'avais peut-être pas grand-chose à proposer, car une renégociation contractuelle suit en grande partie les mêmes principes que toute négociation de contrat.

J'ai donc décidé de creuser un peu en contactant les dirigeants de la société pour savoir *pourquoi* il y avait tant de renégociations. La raison de ces renégociations me fut parfaitement résumée par la réponse de l'un des responsables, qui soulignait que les perspectives des individus chargés de négocier les accords étaient « davantage liées à l'aboutissement [de la négociation] qu'à sa mise en œuvre effective ». Muni de cette information, j'étais capable de recentrer le séminaire sur la résolution des tensions entre la passation du contrat et sa mise en œuvre.

Danny Ertel a publié un excellent article sur ce sujet dans le *Harvard Business Review*, intitulé « Getting Past Yes: Negotiating as if Implementation Mattered ». Dans cet article, il rapporte que lorsque les équipes de développement commercial deviennent distinctes de celles du déploiement, elles « sont susceptibles de se concentrer davantage sur l'accord que sur son impact ».

En réexaminant vos négociations, demandez-vous si l'état d'esprit qui préside aux négociations de votre organisme est axé sur la passation de contrat. Dans son article, Ertel propose des exemples illustrant un tel état d'esprit : employer la surprise pour obtenir l'avantage, taire des informations, avoir recours à des tactiques telles que de fausses dates butoir, et se protéger par des clauses pénales.

Comparez cette mentalité à celle de l'exécution du contrat, qui consiste avant tout, comme le souligne Ertel, à poser les questions qui posent problème le plus tôt possible dans la négociation, à partager les informations, à passer autant de temps que nécessaire sur la rédaction d'un accord dont la mise en œuvre sera couronnée de succès, et à développer des engagements réalistes. Vous devriez considérer le réexamen de votre négociation dans la perspective de la mise en œuvre.

Réalisez une évaluation personnelle

Tout aussi importante que la révision des négociations du point de vue de la société, une évaluation personnelle de votre stratégie et de vos tactiques de négociation vous permettra de continuer à vous améliorer. Voici quelques questions à vous poser au cours de cette évaluation, basées sur le contenu de cet ouvrage.

- Ai-je établi une relation avec l'autre partie ?

- Avons-nous cherché et trouvé des intérêts sous-jacents qui n'entrent pas en conflit ?

- Ai-je posé des questions et écouté attentivement les réponses ?

- Ai-je découvert au début des négociations si l'autre partie avait l'autorité nécessaire pour passer un accord ?

- Ai-je utilisé une stratégie efficace du « premier prix » ?

- Ai-je considéré la négociation du point de vue de l'autre partie ?

- Ai-je employé la réciprocité ?

- Ai-je conservé une perspective « d'ensemble » ?

À retenir. Que votre société mène systématiquement ou non des évaluations sur les négociations et l'exécution contractuelles, vous devez réaliser une évaluation personnelle de votre stratégie et des tactiques de négociation, sur laquelle vous vous baserez pour vous améliorer.

UNE DERNIÈRE PERSPECTIVE : L'ANALYSE DES OBJECTIFS DE VIE

Il y a quelques années, j'ai donné une présentation sur la résolution des conflits lors d'une réunion de l'American Bar Association. J'eus l'honneur d'être associé à l'un des plus éminents experts mondiaux de la médiation, John Wade de l'Université de Bond en Australie. J'étais impatient d'apprendre son approche de la résolution des conflits.

Pendant son temps de session, Professeur Wade a décrit ce qu'il appelle une « analyse des objectifs de vie », qui est une courte liste d'objectifs personnels et professionnels, à court et à long terme. Préparer cette liste est un outil utile pour mettre un conflit en perspective. Il a proposé l'exemple suivant (qui est partiellement décrit dans son exposé « Systematic Risk Analysis for

Negotiators and Litigators: How to Help Clients Make Better Decisions »).

Un époux chinois et sa femme négociaient une division de leur propriété dans le cadre d'un divorce. Le mari avait un important revenu et des capitaux confortables. C'était un médecin renommé dans la communauté chinoise, qui comptait de nombreux amis. La femme avait peu de revenus et peu de capitaux. Elle se sentait isolée de sa communauté.

Le couple a négocié un partage de leurs capitaux à l'exception des 40 000 derniers dollars. Au cours de la médiation, l'épouse a réalisé une analyse des objectifs de vie, mais le mari (sans doute fort du soutien de sa communauté) s'y est refusé. En fin de compte, ils ont divisé les 40 000 $ en parts égales.

Une fois que le divorce fut finalisé au tribunal, le mari et ses soutiens quittèrent la salle d'audience et se dirigèrent vers un restaurant pour faire la fête. Comme elle quittait la salle, la femme s'est tournée vers l'avocat du mari et a dit : « Maintenant, il est temps de me venger. » Elle s'est aussitôt rendue dans un bureau de la société médicale et a déposé plainte contre le médecin en déclarant qu'il avait pratiqué sur elle un avortement illégal et qu'il avait illégalement envoyé des drogues à ses proches en Chine. Suite à cela, il a perdu son permis d'exercer, ses revenus et son prestige au sein de la communauté.

Si le médecin avait placé le conflit dans la perspective d'une analyse des objectifs de vie, il aurait peut-être accepté de bon cœur de céder à sa femme l'intégralité des 40 000 $, et même plus. Ses objectifs auraient peut-être inclus la poursuite de son succès financier, un rôle de premier plan dans la communauté médicale, la construction d'une nouvelle relation personnelle et la jouissance du fruit de son travail. Au lieu de cela, il a tout perdu.

La morale de cette histoire est la suivante : indépendamment de votre implication dans une démarche de résolution de conflit ou une négociation de contrat, essayez d'avoir une « vue d'ensemble » et considérez vos objectifs immédiats par le prisme de vos objectifs de vie. Je vous souhaite le meilleur dans cette entreprise !

ANNEXES

LISTE DE CONTRÔLE ET OUTIL D'ÉVALUATION

A. Liste de planification en vue de la négociation

B. Exemple de liste de planification remplie

C. Évaluez votre style de négociation

Annexe A

Liste de planification en vue de la négociation

Servez-vous de la liste de vérification suivante lorsque vous planifiez des négociations*. Pour plus d'informations, consultez les chapitres 3, 5 et 6.

Objectifs et meilleures solutions alternatives

1. Quel est mon but dans cette négociation ? Pourquoi dois-je atteindre cet objectif ?

2. Quelle est ma meilleure solution alternative pour atteindre cet objectif si la négociation n'aboutit pas ?

3. Vais-je dévoiler ma meilleure solution de rechange à l'autre partie au cours de la négociation ? (Généralement « oui » si votre solution alternative est forte, et « non » si elle est faible.)

4. Comment puis-je améliorer ma meilleure solution de rechange ? (En améliorant votre alternative, vous augmentez votre pouvoir.)

5. Selon moi, quel est l'objectif de l'autre partie dans cette négociation ? Qu'est-ce qui me fait croire que l'autre partie cherche à atteindre cet objectif ? (Au moment de la planification, c'est une supposition.)

6. Quelle est la meilleure solution de rechange de l'autre partie pour atteindre cet objectif si cette négociation échoue ? (Là encore, c'est une supposition.)

7. Comment puis-je affaiblir la solution de rechange de l'autre partie ? (En affaiblissant la meilleure solution alternative de l'autre partie, vous augmentez votre pouvoir.)

Questions susceptibles d'être évoquées (à l'exception du prix)

8. Quelles questions risquent d'être évoquées pendant les négociations ? Listez ces questions et, après chacune d'entre elles, notez :

   a. si vous pensez qu'elle est « négociable », car elle n'est pas importante à vos yeux, ou « non négociable », car il s'agit d'un point important,

   b. pourquoi la question (si elle est « non négociable ») est importante pour vous,

   c. les faits que vous pouvez utiliser pour soutenir votre position sur chaque question,

   d. si l'autre partie estimera que la question est « négociable » ou « non négociable » (à ce stade de la planification, c'est une supposition), et

   e. pourquoi, d'après vous, la question est importante pour l'autre partie (encore une fois, c'est une supposition).

   Utilisez un tableur pour répondre à la question 8.

9. Ai-je une relation personnelle ou à long terme avec l'autre partie ? Si oui, comment cela peut-il affecter ma position et celle de l'autre partie sur ces sujets ? Si non, comment puis-je bâtir une relation avec l'autre partie ?

10. À partir de l'analyse de la question 8, quels sont les moyens possibles de créer de la valeur pour les deux parties — par exemple, en échangeant ses préoccupations ou en répondant à ses besoins ? Listez les questions que vous souhaitez poser à l'autre partie lorsque vous explorez ces possibilités.

Questions relatives au prix

11. Quel est mon prix de réserve ? Pourquoi ce prix est-il important pour moi ? (Le prix de réserve est le prix le plus bas que vous êtes prêt à accepter si vous êtes le vendeur ou le prix le plus élevé que vous êtes prêt à payer si vous êtes l'acheteur.)

12. Quel est le prix le plus vraisemblable ? (C'est un prix visé raisonnable.)

13. Quel est mon objectif étendu ? (Utilisez cet objectif dès le début de vos négociations. C'est le prix le plus élevé ou le plus bas — selon que vous soyez le vendeur ou l'acheteur — que vous pouvez raisonnablement justifier.)

14. Dois-je être le premier à annoncer un prix ? (Envisagez d'ancrer l'autre partie sur votre offre en avançant un prix en premier quand vous êtes plutôt confiant de sa valeur. Si vous n'êtes pas certain de la valeur, demander à l'autre partie de faire une proposition est un bon moyen de mieux la déterminer — mais évitez de vous ancrer sur le chiffre de l'autre partie.)

Autorité dans le cas d'intermédiaires

15. Suis-je en train de négocier en tant qu'intermédiaire ? Si oui, quelles sont les limites de mon autorité ?

16. Si l'autre partie agit en tant qu'intermédiaire, quelles sont

les limites de son autorité ? (Cette information devrait venir du délégant, non de l'intermédiaire.)

* Merci à l'International Association for Contract & Commercial Management (IACCM) de m'avoir encouragé à développer ce planificateur. IACCM, en partenariat avec Huthwaite International, a produit une étude de référence intitulée « Improving Corporate Negotiation Performance ». L'étude souligne l'importance de la planification dans le succès en négociation, mais conclut que la majeure partie des sociétés n'utilisent pas d'outils officiels de planification. Après avoir examiné un modèle de planificateur proposé dans l'étude, j'ai préparé une liste de points qui devaient y figurer et je les ai présentés à des professionnels des contrats lors de conférences IACCM aux États-Unis et en Europe, ainsi qu'à l'occasion d'un webinaire. Cette liste de planification tient compte des commentaires formulés par ces négociateurs expérimentés.

Annexe B

Exemple de liste de planification remplie

Cet exemple vous présente une liste de planification remplie selon le scénario du chapitre 3 :

> **Vous avez décidé de vendre votre voiture et vous vous apprêtez à négocier avec un acheteur potentiel, Kyle. Kyle est la seule personne qui a répondu à votre annonce de vente. Vous avez besoin de tirer au moins 4000 $ de la vente de la voiture pour financer l'achat d'un pick-up que vous avez commandé. Vous voulez garder votre voiture pendant encore trois semaines, le temps que votre pick-up arrive. La valeur raisonnable de la voiture (d'après plusieurs calculateurs en ligne) est de 5000 $. Si vous ne parvenez pas à trouver un acheteur prêt à vous verser au moins 4500 $, vous vendrez la voiture à votre ami Terry pour 4000 $. Vous savez que Terry vous laissera garder la voiture pendant encore trois semaines.**

Objectifs et meilleures solutions alternatives

1. Quel est mon but dans cette négociation ? Pourquoi dois-je atteindre cet objectif ?

   Mon but est de vendre ma voiture. Je veux vendre la

voiture pour pouvoir financer l'achat d'un pick-up en commande.

2. Quelle est ma meilleure solution alternative pour atteindre cet objectif si la négociation n'aboutit pas ?

   Je vendrai la voiture à mon ami Terry pour 4000 $.

3. Vais-je dévoiler ma meilleure solution de rechange à l'autre partie au cours de la négociation ? (Généralement « oui » si votre solution alternative est forte, et « non » si elle est faible.)

   Je dévoilerai l'existence d'un autre acheteur intéressé, mais je ne dévoilerai pas le prix, qui est inférieur à celui que j'espère recevoir de Kyle.

4. Comment puis-je améliorer ma meilleure solution de rechange ? (En améliorant votre alternative, vous augmentez votre pouvoir.)

   Je pourrais essayer de trouver d'autres acheteurs en plaçant plus d'annonces et en mettant la voiture en valeur.

5. Selon moi, quel est l'objectif de l'autre partie dans cette négociation ? Qu'est-ce qui me fait croire que l'autre partie cherche à atteindre cet objectif ? (Au moment de la planification, c'est une supposition.)

   De toute évidence, Kyle veut acheter une voiture, mais pour l'instant j'ignore la raison de cet objectif.

6. Quelle est la meilleure solution de rechange de l'autre partie pour atteindre cet objectif si cette négociation échoue ? (Là encore, c'est une supposition.)

   Je suppose que Kyle achètera une voiture à quelqu'un

d'autre.

7. Comment puis-je affaiblir la solution de rechange de l'autre partie ? (En affaiblissant la meilleure solution alternative de l'autre partie, vous augmentez votre pouvoir.)

   J'essaierai de montrer que Kyle n'obtiendra aucune offre meilleure que celle que je lui propose.

Questions susceptibles d'être évoquées (à l'exception du prix)

8. Quelles questions risquent d'être évoquées pendant les négociations ? Listez ces questions et, après chacun d'entre eux, notez :

   a. si vous pensez qu'elle est « négociable », car elle n'est pas importante à vos yeux, ou « non négociable », car il s'agit d'un point important,

   b. pourquoi la question (si elle est « non négociable ») est importante pour vous,

   c. les faits que vous pouvez utiliser pour soutenir votre position sur chaque question,

   d. si l'autre partie estimera que la question est « négociable » ou « non négociable » (à ce stade de la planification, c'est une supposition), et

   e. pourquoi, d'après vous, la question est importante pour l'autre partie (encore une fois, c'est une supposition).

   Utilisez un tableur pour répondre à la question 8.

   En plus du prix, analysé aux questions 11-14, le problème principal est la date de transfert. (a) Ce n'est pas négociable. (b) La date de transfert est importante

ANNEXES

pour moi, car j'ai besoin de la voiture pour me déplacer jusqu'à ce que mon pick-up arrive. (c) J'expliquerai pourquoi je me sers de la voiture. (d) Incertain pour le moment. (e) Incertain pour le moment.

9. Ai-je une relation personnelle ou à long terme avec l'autre partie ? Si oui, comment cela peut-il affecter ma position et celle de l'autre partie sur ces sujets ? Si non, comment puis-je bâtir une relation avec l'autre partie ?

Je n'ai aucune relation avec Kyle. Comme c'est une transaction unique, je n'ai pas besoin d'établir une relation, si ce n'est consacrer un peu de temps au début de la négociation pour apprendre à connaître Kyle.

Il existe une relation avec Terry (qui est un ami), et c'est la raison pour laquelle je suis disposé à lui céder la voiture à un prix plus bas.

10. À partir de l'analyse de la question 8, quels sont les moyens possibles de créer de la valeur pour les deux parties — par exemple, en échangeant ses préoccupations ou en répondant à ses besoins ? Listez les questions que vous souhaitez poser à l'autre partie lorsque vous explorez ces possibilités.

Si le problème de la date de transfert est négociable pour Kyle, je pourrai peut-être garder la voiture pendant trois semaines supplémentaires en baissant mon prix — mais pas en dessous de mon prix de réserve.

Si la date de transfert n'est négociable ni pour l'un ni pour l'autre, je devrai demander à Kyle pourquoi cette date est importante. Si Kyle a besoin de la voiture pour une raison spécifique au cours des trois prochaines semaines, alors qu'il me la faut également, nous pourrons peut-être trouver un arrangement pour

que l'un garde la voiture, mais conduise l'autre dans ses déplacements.

Questions relatives au prix

11. Quel est mon prix de réserve ? Pourquoi ce prix est-il important pour moi ? (Le prix de réserve est le prix le plus bas que vous êtes prêt à accepter si vous êtes le vendeur ou le prix le plus élevé que vous êtes prêt à payer si vous êtes l'acheteur.)

    Mon prix de réserve est 4500 $. J'ai besoin d'au moins 4000 $ (que je peux obtenir de Terry) pour acheter le pick-up.

12. Quel est le prix le plus vraisemblable ? (C'est un prix visé raisonnable.)

    Le prix le plus vraisemblable est 5000 $.

13. Quel est mon objectif étendu ? (Utilisez cet objectif dès le début de vos négociations. C'est le prix le plus élevé ou le plus bas — selon que vous soyez le vendeur ou l'acheteur — que vous pouvez raisonnablement justifier.)

    Mon objectif étendu est de 6000 $.

14. Dois-je être le premier à annoncer un prix ? (Envisagez d'ancrer l'autre partie sur votre offre en avançant un prix en premier quand vous êtes plutôt confiant de sa valeur. Si vous n'êtes pas certain de la valeur, demander à l'autre partie de faire une proposition est un bon moyen de mieux la déterminer — mais évitez de vous ancrer sur le chiffre de l'autre partie.)

    Dans ce cas, je suis plutôt confiant quant à la valeur, et j'ouvrirai donc l'offre par mon objectif étendu de 6000 $.

Autorité dans le cas d'intermédiaires

15. Suis-je en train de négocier en tant qu'intermédiaire ? Si oui, quelles sont les limites de mon autorité ?

    Je ne suis pas en train de négocier en tant qu'intermédiaire.

16. Si l'autre partie agit en tant qu'intermédiaire, quelles sont les limites de son autorité ? (Cette information devrait venir du délégant, non de l'intermédiaire.)

    Pour autant que je sache, Kyle n'agit pas en tant qu'intermédiaire, mais je dois demander confirmation à Kyle. Si c'est un intermédiaire, je demanderai au délégant quelle est l'autorité de Kyle.

Annexe C

Évaluez votre style de négociation

(Voir chapitre 2)

D'abord, utilisez le document joint pour évaluer et comprendre votre style de négociation.

Puis servez-vous de l'évaluation pour déduire le style de votre vis -à-vis. Ceci est particulièrement important dans des négociations interculturelles. N'oubliez pas qu'il peut y avoir des variations considérables dans le style de négociation au sein d'une même culture.

Enfin, réalisez une analyse des lacunes. Situez les principales lacunes entre votre style et le style de votre vis-à-vis.

Une fois que vous aurez rempli cette évaluation, vous pourrez essayer un exercice d'inversion des rôles dans lequel vous emploierez le style de l'autre partie. Cela vous permettra de mieux le comprendre.

Merci à Jeswald Salacuse, professeur de droit de la chaire Henry J. Braker et ancien doyen de la Fletcher School à l'Université Tufts, de m'avoir donné la permission de reproduire cette évaluation, tirée de son article « Ten Ways that Culture Affects Negotiating Style: Some Survey Results », *Negotiation Journal*, juillet 1998.

Évaluez votre style de négociation

Consignes : Ci-dessous sont listées dix caractéristiques importantes du style et de l'approche dont on fait preuve en négociation. Chaque critère présente une large palette de variations, qui peuvent être organisées le long d'un continuum, comme ici. Pour chaque critère, indiquez par une croix où votre propre style et approche de négociation commerciale se situe sur le continuum.

1. *Objectif* : Quel est votre but dans une négociation d'affaires : un contrat exécutoire ou la création d'une relation ?

   Contrat .... Relation
   1   2   3   4   5

2. *Attitudes* : Quelle est votre attitude envers la négociation : gagnant/perdant ou gagnant/gagnant ?

   Gagnant/Perdant .... Gagnant/Gagnant
   1   2   3   4   5

3. *Styles personnels* : Au cours des négociations, votre style personnel est-il rigide ou décontracté ?

   Décontracté .... Rigide
   1   2   3   4   5

4. *Communication* : Votre style de communication en négociation est-il direct (par exemple, propositions et réponses claires et catégoriques) ou indirect (par exemple, réponses vagues et évasives) ?

   Direct .... Indirect
   1   2   3   4   5

5. *Rapport au temps* : Dans le processus de négociation, votre rapport au temps est-il tendu (par exemple, vous voulez sceller un accord rapidement) ou détendu (vous négociez lentement) ?

   Tendu .... Détendu
   1   2   3   4   5

6. *Émotivité* : Au cours des négociations, votre émotivité est-elle élevée (c'est-à-dire que vous avez tendance à montrer vos émotions) ou basse (vous masquez vos sentiments) ?

Élevée · · · · · Basse
1   2   3   4   5

7. *Forme d'accord* : Préférez-vous les accords spécifiques (c'est-à-dire détaillés) ou généraux ?

Spécifiques · · · · · Généraux
1   2   3   4   5

8. *Construction de l'accord* : Considérez-vous les négociations de bas en haut (s'entendre d'abord sur les détails) ou de haut en bas (commencer par l'accord sur des principes généraux) ?

De bas en haut · · · · · De haut en bas
1   2   3   4   5

9. *Organisation de l'équipe* : En tant que membre d'une équipe de négociation, préférez-vous avoir un chef qui a l'autorité de prendre une décision ou prendre des décisions par consensus ?

Un chef · · · · · Consensus
1   2   3   4   5

10. *Prise de risque* : Votre tendance à prendre des risques au cours d'une négociation est-elle élevée (par exemple, votre première offre de vente est extrêmement haute) ou basse ?

Élevée · · · · · Basse
1   2   3   4   5

www.ingramcontent.com/pod-product-compliance
Lightning Source LLC
Chambersburg PA
CBHW060601200326
41521CB00007B/629